CLÁSSICOS GREGOS & LATINOS

Rio profundo, os padrões e valores da cultura greco-latina
estão subjacentes ao pensar e sentir do mundo hodierno.
Modelaram a Europa, primeiro, e enformam hoje a cultura
ocidental, do ponto de vista literário, artístico, científico,
filosófico e mesmo político. Daí poder dizer-se que,
em muitos aspectos, em especial no campo das actividades
intelectuais e espirituais, a nossa cultura é, de certo modo,
a continuação da dos Gregos e Romanos. Se outros factores
contribuíram para a sua formação, a influência dos ideais
e valores desses dois povos é preponderante e decisiva.
Não conseguimos hoje estudar e compreender plenamente
a cultura do mundo ocidental, ao longo dos tempos,
sem o conhecimento dos textos que a Grécia e Roma nos legaram.
É esse o objectivo desta colecção: dar ao público de língua
portuguesa, em traduções cuidadas e no máximo fiéis,
as obras dos autores gregos e latinos que, sobrepondo-se
aos condicionalismos do tempo, e, quantas vezes,
aos acasos da transmissão, chegaram até nós.

CLÁSSICOS GREGOS & LATINOS

Colecção elaborada sob supervisão do Instituto de Estudos Clássicos da Faculdade de Letras da Universidade de Coimbra com a colaboração da Associação Portuguesa de Estudos Clássicos

Títulos publicados:

1. AS AVES, de Aristófanes
2. LAQUES, de Platão
3. AS CATILINÁRIAS, de Cícero
4. ORESTEIA, de Ésqquilo
5. REI ÉDIPO, de Sófocles
6. O BANQUETE, de Platão
7. PROMETEU AGRILHOADO, de Ésqquilo
8. GÓRGIAS, de Platão
9. AS BACANTES, de Eurípides
10. ANFITRIÃO, de Plauto
11. HISTÓRIAS - Livro I, de Heródoto
12. O EUNUCO, de Terêncio
13. AS TROIANAS, de Eurípides
14. AS RÃS, de Aristófanes
15. HISTÓRIAS - Livro III, de Heródoto
16. APOLOGIA DE SÓCRATES • CRÍTON, de Platão
17. FEDRO, de Platão
18. PERSAS, de Ésqquilo
19. FORMIÃO, de Terêncio
20. EPÍDICO, de Plauto
21. HÍPIAS MENOR, de Platão
22. A COMÉDIA DA MARMITA, de Plauto
23. EPIGRAMAS - Vol. I, de Marcial
24. HÍPIAS MAIOR, de Platão
25. HISTÓRIAS - Livro VI, de Heródoto
26. EPIGRAMAS - Vol. II, de Marcial
27. OS HERACLIDAS, de Eurípides
28. HISTÓRIAS - Livro IV, de Heródoto
29. EPIGRAMAS - Vol. III, de Marcial
30. AS MULHERS QUE CELEBRAM AS TESMOFÓRIAS, de Aristófanes
31. HISTÓRIAS - Livro VIII, de Heródoto
32. FEDRA, de Séneca
33. A COMÉDIA DOS BURROS, de Plauto
34. OS CAVALEIROS, de Aristófanes
35. EPIGRAMAS - Vol. IV, de Marcial
36. FILOCTETES, de Sófocles

Aristófanes
As Aves

Título original: *As Aves*

© desta tradução: Maria de Fátima Silva e Edições 70, lda.

Capa: F.B.A.

Depósito Legal nº 249107/06

Impressão, paginação e acabamento:
MANUEL A. PACHECO
para
EDIÇÕES 70, LDA.

Setembro de 2006

ISBN 10: 972-44-1342-X
ISBN 13: 978-972-44-1342-6
ISBN da 1ª edição: 972-44-0062-X

EDIÇÕES 70, Lda.
Rua Luciano Cordeiro, 123 – 1º Esqqº - 1069-157 Lisboa / Portugal
Telefs.: 213190240 – Fax: 213190249
e-mail: geral@edicoes70.pt

www.edicoes70.pt

Esta obra está protegida pela lei. Não pode ser reproduzida,
no todo ou em parte, qualquer que seja o modo utilizado,
incluindo fotocópia e xerocópia, sem prévia autorização do Editor.
Qualquer transgressão à lei dos Direitos de Autor será passível
de procedimento judicial.

Aristófanes
As Aves

Tradução, Introdução e Notas de
MARIA DE FÁTIMA SOUSA SILVA

Edição elaborada sob supervisão
do Instituto de Estudos Clássicos da Faculdade de Letras
da Universidade de Coimbra, com a colaboração
da Associação Portuguesa de Estudos Clássicos

70

INTRODUÇÃO

As Aves, uma aposta cómica

Foi no festival das Dionísias de 414 a. C. que Aristófanes apresentou *As Aves*, que lhe mereceram o galardão, não muito reconfortante, de um segundo lugar. Melhor acolhimento havia de ter a peça na posteridade – os próprios comentadores antigos lhe haviam já feito justiça –, que a avaliou como um dos momentos mais felizes na produção aristofânica. Apesar do aplauso com que saúdam esta comédia, os estudiosos continuam, porém, a debater o problema da sua interpretação, sem que qualquer leitura tenha sido ainda capaz de colher uma adesão generalizada. Qual o teor profundo desta comédia, talvez a única da produção do poeta cujo tema não é claramente definível? Uma resposta adequada continua a preocupar os seus admiradores. A consideração prévia do ambiente teatral, político e social contemporâneos poderá, eventualmente, contribuir para uma tomada de posição fundamentada nesta difícil polémica.

No concurso de 414, Aristófanes encontrava os principais concorrentes em Amípsias, que colheu a palma da vitória, e Frínico, que, com a comédia *O solitário,* alcançou a terceira posição. Ainda que esta última peça se nos apresente na escassez de breves e pouco numerosos fragmentos é, no entanto, curioso notar que, na generalidade, os versos conservados têm um paralelismo evidente com *As Aves*[1]. Em primeiro lugar porque a evasão para um mundo diferente, como sugere a peça de Aristófanes, ou simplesmente o corte de

---

[1] Sobre a confluência de temas entre peças apresentadas a um mesmo concurso, consequência natural num teatro particularmente comprometido com a sociedade contemporânea, e as rivalidades e polémicas que este estado de coisas originou, cf. M. F. Sousa Silva, *Crítica do teatro na comédia antiga*, Coimbra, 1987, pp. 33-44.

cadeias sociais, como parece propor Frínico (frs. 18, 19K), não são mais que duas fórmulas distintas para alcançar um objectivo comum: o distanciamento do quotidiano poluído de Atenas. Dessa esfera social, ambos os poetas destacam, sem se deterem longamente, um rol de personalidades, de quem caricaturam os mesmos traços; é assim que Execéstides, Pisandro e Téleas avultam como «grandes macacões», cobardes, parasitas e de origem obscura (cf. *Av.* 11, 764, 1526 sqq., 1555 sqq., 168-170, 1025 e Phryn. Com. fr. 20K); que Méton é recordado pelos trabalhos que realizou no plano urbanístico *(Av.* 992--1020, Phryn. Com. fr. 21K); ou que Nícias merece uma palavra de elogio pelas qualidades de estratega que o distinguem *(Av.* 362 sqq., Phryn. Com. fr. 22K). Por fim, se Hércules desenvolve, no final de *As Aves,* a capacidade cómica da brutalidade e apetite devorador com que a comédia caracterizou a figura do herói, uma alusão lhe é feita, em termos semelhantes, no fr. 23K do mesmo Frínico. A proximidade iniludível dos dois textos não deixa dúvidas sobre a presença de um foco inspirador que atrai as atenções de ambos os concorrentes; é a Atenas contemporânea e as suas vivências mais recentes o pano de fundo das duas comédias.

Que os comediógrafos se sentiam legalmente oprimidos pela força de um decreto recente, da autoria de um tal Siracósio, a vedar--lhes a invectiva pessoal e desassombrada à maneira corrente na comédia grega antiga, é testemunhado pelo fr. 26K de *O solitário*[2]. Comédia política nos moldes de *Cavaleiros,* por exemplo, apostada na perseguição e denúncia de uma personagem paradigmática como Cleón, seria, com certeza, neste momento, inoportuna e perigosa. Mas nem por isso os poetas se sentiam menos comprometidos com o público ateniense ou desligados do seu papel de interventores na ordem social e educadores do povo. Sem o desassombro e violência do passado – as referências pessoais caracterizam-se agora por um tom mais brando –, a observação atenta e crítica do quotidiano da cidade palpita na cena de Dioniso e, sob uma forma mais difusa, oferece-se, ainda aqui, à reflexão colectiva.

Animada pelo xadrez de interesses, a democracia ateniense vivia o ponto climático da sua aventura expansionista. Olhos postos no Ocidente, a Sicília seduzira, como um primeiro passo, as esperanças

---

[2] Sobre a habitual imunidade do poeta cómico e as tentativas feitas no sentido da sua limitação, cf. M. F. Sousa Silva, *op. cit.,* pp. 44-51.

gulosas de Atenas. No ano anterior ao da representação de *As Aves*, confiada ao comando experimentado de Nícias e Lâmaco, juntamente com Alcibíades, o grande entusiasta da campanha, uma armada imponente partira à conquista da ilha dos tiranos. Não fora pacífica a decisão de encetar empresa tão vultuosa. Se Alcibíades apostava na defesa e demonstração das vantagens futuras, em coro com demagogos ambiciosos e massas populares suas apaniguadas, vozes mais sensatas como a de Nícias ou mesmo pessimistas como a de Tucídides, lançaram o alerta para os riscos nela hipotecados. O clima patético deste momento de crise atingiu o paroxismo quando, em vésperas da partida, um escândalo religioso abalou Atenas. Pela calada da noite, mãos ímpias mutilaram as estátuas fálicas de Hermes que se distribuíam por numerosos locais da cidade, junto dos edifícios públicos. Se, por um lado, a irreverência perante os deuses tradicionais, alimentada pelas modernas correntes científicas, pedagógicas e filosóficas, se tornara um lugar-comum nesta segunda metade do século V a. C., a coincidência deste sacrilégio com um momento de aventura colectiva, para a qual se necessitaria do melhor patrocínio divino, provocou a explosão. Os ânimos exacerbados lançaram-se no encalço dos responsáveis, na perseguição de sombras, e nos espíritos começou a germinar o grão da dúvida. Perseguido por uma acusação de impiedade, Alcibíades viu-se obrigado a abandonar o comando da expedição e partiu a refugiar-se em terreno inimigo, sob a protecção de Esparta; a Nícias ficou confiada a sorte final.

É neste momento de incerteza que *As Aves* aparecem, quando a campanha se desenrolava difícil e dispendiosa, exigente de reforços e infrutífera de resultados, para desfechar, já no ano seguinte, na mais clamorosa das derrotas. O ar que os poetas respiram, fora e dentro do teatro, está carregado de dúvidas e algumas sombras de mau prenúncio.

De dúvida é também a atitude do leitor moderno perante a peça. A. Komornicka[3] sumaria as várias leituras por ela suscitadas, que cobrem um leque de *nuances* balizado por duas tendências opostas: a interpretação que faz de *As Aves* uma alegoria da situação contemporânea, em que cada personagem ou cena encontra correspondência

---

[3] *Métaphores, personnifications et comparaisons dans l'oeuvre d'Aristophane*, Krakow, 1964; cf. C. H. Whitman, *Aristophanes and the comic hero*, Cambridge, 1964, pp. 167-169.

imediata na vida ateniense; ou a que vê nesta criação «uma fantasia feérica», onde as referências ao momento histórico são raras, numa manifesta obstinação, da parte do poeta, em esqquecer Atenas e os sobressaltos da sua história recente para se evadir numa utopia de pureza e felicidade. Mas ambas as posições enfermam de uma visão unilateral e parcelar da realidade da peça. A recém-estabelecida Nefelocucolândia é, em muitos aspectos, a réplica caricatural de Atenas, mas nem por isso deixa de envolver-se numa aura de «feérica fantasia».

O conflito responsável pela acção de *As Aves* coloca-se em três planos, que o desenvolvimento da peça irá encaminhar para uma harmonização plena; a intriga é, de resto, nesta comédia, particularmente coesa, orientada por um desenvolvimento progressivo e ininterrupto, que nem a parábase – momento tradicional de quebra da ilusão cénica – interrompe. Aos seus agentes – Pistetero e Evélpides – incumbe estabelecer uma nova ordem de relações entre humanos, aves e deuses([4]).

São, antes de mais, os homens que se deixam conduzir pelas aves na fuga de uma realidade insustentável para um paraíso de róseas cores (πείθω «obedecer» exprime a submissão dos conduzidos, vv. 5, 7); aí, afinal, assumirão eles próprios a condução dos destinos das suas hospedeiras (o mesmo verbo πείθω repete-se para definir esta nova ordem de factos, vv. 163-165), ao mesmo tempo que com elas partilham a natureza alada; tal acordo simboliza uma primeira conversão no relacionamento, sempre contencioso, entre aves e homens. Velhas dissensões se apagam em favor de uma nova aliança.

Viajar para o reino alado é, fisicamente, percorrer longas, difíceis e imprevisíveis veredas, de que só mesmo as aves conhecem os roteiros. Quando o cansaço pesa, o corpo cede e Atenas se perdeu no indefinido da distância, os nossos viandantes estão próximos do destino e batem à porta do reino da utopia. Chegam, com todos os seus hábitos e reacções humanos, ainda desadaptados à estranheza do ambiente. Diante da sarça, à entrada, Evélpides bate e chama: «Ra-

---

([4]) As possíveis tensões no relacionamento entre homens, deuses e animais parecem constituir um tema com muita difusão na comédia antiga. A revolta dos humanos contra a soberania dos deuses, Zeus principalmente, seria talvez o tema de *Plutos* de Cratino (cf. fr. 166K), e dos *Anfitriões* de Teleclides. Por seu lado, a rebeldia dos animais face à prepotência dos homens teria constituído o tema de *Animais* de Crates e *Peixes* de Arquipo.

paz! Rapaz!» (vv. 57 sqq.), rendido ao peso da convenção social. Atende, como entre os mortais, um pássaro-escravo, primeiro sinal de que uma hierarquia existe também dentro do... arbusto. E os recém-chegados especulam: será este escravo um vencido de guerra, o derrotado numa luta de galos (vv. 70-73)? Não, afinal trata-se apenas da satisfação de uma necessidade de Tereu, o mortal outrora metamorfoseado em poupa, que da natureza anterior manteve determinados gostos e hábitos: o apetite por umas boas enguias do Falero – mau grado os repastos orníticos de mosqquitos e mirtos com que agora se regala (v. 82) –, ou por um bom puré de legumes... comido à colherada (vv. 75-79). Em suma, a porta que se abre sobre o universo alado reserva surpresas; e a maior de todas é que algo existe de semelhante entre o seu quotidiano e a realidade ateniense. Tereu havia sido o agente de uma primeira contaminação, ao preservar, para além do ajustamento infalível à condição a que se vira reduzido, alguns dos hábitos anteriores (vv. 114-119).

Pistetero e Evélpides apresentam-se como suplicantes e desvendam os objectivos que os guiam. Da vida de Atenas, um factor foi determinante para o exílio em que se refugiam: o flagelo, permanente e ameaçador, dos processos judiciários (vv. 39-41, 110). Fugidos da maldita praga e de todos os outros malefícios que o dia-a-dia ateniense comporta, os nossos heróis correm atrás de um paraíso de delícias, de «uma cidade feita de boa lã, onde se possam estender como sobre uma manta bem fofinha» (vv. 121 sqq.). Do éden sonhado esperam conforto, lazer, festa, ausência de peias e preconceitos, numa palavra, a imagem em negativo da existência que deixaram. Tereu dá, da vida entre as aves, realce às qualidades mais atraentes – abolição do dinheiro e dos dissabores por que é responsável, e abundância de belos manjares, como numa boda permanente (vv. 157-161) – traves mestras do reino de φύσις, com toda a sua espontaneidade, generosidade e anticonvencionalismo.

E eis que, no espírito de Pistetero, que assiste, reflexivo, ao diálogo entre o companheiro e Tereu, um projecto surge e se impõe; um projecto utópico, também ele, mas que, em vez de se opor à experiência ateniense, antes nela colhe inspiração. Esta outra utopia reside, afinal, nos sonhos de grandeza imperialista que orientam a cidade de Palas e de que Pistetero quer contaminar o universo das aves: «Entrevejo, para a raça alada, um futuro brilhante e um grande poder [...]» (vv. 162 sqq.). Com esta proposta, cuja concretização se torna, a partir de agora, o fio condutor da intriga, instala-se no primeiro plano o motivo profundo da peça: a sátira do espírito ateniense numa perspectiva aberta e geral, distinta da caricatura sistemática a figuras individualizadas por que Aristófanes havia enveredado em criações anteriores. Em Pistetero se encarna o tipo ousado, engenhoso, imaginativo, oportunista e capaz de defender, com um discurso sólido, os seus pontos de vista; no comparsa, o protótipo do ambicioso pouco clarividente, presa fácil dos políticos manhosos. Caracteres em que Atenas, por seu mal, abundava ([5]).

Pistetero assume, em consequência da personalidade que lhe é atribuída na peça, a condução dos acontecimentos. Definem-se as prioridades do plano: estabilidade e organização são as novas palavras de ordem, que exigem a delimitação de um espaço onde fundar a cidade das aves, como ponto de partida indispensável para o reconhecimento oficial, interno e externo, da comunidade dos alados. Só depois de oficialmente instituída e delimitada nas suas fronteiras por uma cintura de muralhas, fortalecida por uma genealogia mítica que a dignifique, a nova sociedade poderá desencadear um processo de política externa voltado para a expansão de um grande império, assente no domínio sobre homens e imortais: nada menos do que a soberania plena do universo (vv. 183-186) ([6]). Situada em território intermédio entre céus e terra, a cidade agora planeada passará a controlar as relações futuras entre homens e deuses. Como entre os homens o acesso a determinados territórios pode implicar o pagamento de um tributo, assim também as aves poderão impor aos deuses um imposto equivalente: para receberem as fumigações que se erguem da terra em sua homenagem, terão os Olímpicos de pagar despesas alfandegárias (vv. 188-193).

O mesmo projecto é exposto às aves reunidas, por convocatória de Tereu (vv. 550-560), e reforçado por mais alguns argumentos. Se os deuses devem curvar-se à nova autoridade, não menos o deverão fazer também os mortais, que passarão a privilegiar, nos sacrifícios que realizam, os soberanos de fresca data. Desde logo se estabelecem

---

([5]) Cf. Van Looy, «*Les oiseaux* d' Aristophane: essai d'interprétation», in *Le monde grec* (Hommage à Claire Préaux), Bruxelles, ²1978, p. 182.

([6]) Cf. a semelhança entre a definição deste reino de poder e aquela outra cena de *Cavaleiros* (vv. 157-178), onde também o escravo convida o Salsicheiro a lançar, em redor, um amplo olhar, para «medir» a grandeza incomensurável do império que lhe está destinado. Para além de um propósito comum, as duas cenas exploram também aspectos de comicidade paralelos.

sanções e prémios: aos desobedientes, as aves encontrarão maneira directa e eficaz de os punir; mas para todos os que se submeterem à nova ordem de factos, quantas benesses e recompensas! Colheitas protegidas e vigiadas, lucros chorudos com o patrocínio da ornitomancia (vv. 588-595)... Uma atitude autoritária como tantas outras de que a história recente de Atenas não se mostrara parca.

Excepcionalmente, a parábase desta comédia não representa um momento de suspensão na intriga; toda ela é, bem pelo contrário, dedicada a uma reflexão sobre o cosmos alado. O coro estabelece, em primeiro lugar, os grandes laços de relação entre aves, deuses e homens: pela recapitulação da ornitogonia, as aves comprovam a sua precedência sobre os imortais no acto da criação, com o consequente direito à suprema autoridade. Em relação aos homens, o coro enumera os muitos serviços prestados e a dependência em que o género humano se colocou da protecção dos alados. Numa palavra: ganha força a tese do legítimo ascendente das aves sobre todos os seres do universo.

De seguida, o corifeu elabora o rol de melhorias que uma prática dos hábitos das aves poderia trazer aos Atenienses, quer para aqueles que imigrassem para esse outro mundo paradisíaco ou simplesmente para quantos, sem abandonarem a Ática, quisessem adoptar um par de asas. De resto, o elemento asas é, em toda a peça, um traço de comunidade entre os três planos que a acção envolve: se, por natureza, é atributo das aves desde a sua mais remota origem (alados são a Noite, Eros e o Caos no próprio momento da génesis universal, vv. 695-698), ei-lo, também, indissociável da configuração divina; Hermes, Nike, Eros, Íris são, por tradição, divindades aladas, como alado é também o raio de Zeus (v. 576). Serão os homens os últimos a beneficiar de tal acessório, que as aves lhes destinam, criteriosamente (cf. vv. 1333 sqq.), como sua concessão. E que vantagens um par de asas pode representar para a satisfação das mais comezinhas necessidades da existência! Fugir do aborrecimento de uma representação dramática e aproveitar para uma escapada de relaxe, ou, quem sabe, para um delicioso encontro romântico (vv. 785-797)! Mais ainda: a futura comunidade franqueia as suas portas aos transgressores perseguidos pelo código ateniense. Filhos parricidas ou agressores dos pais, escravos fugitivos, falsos cidadãos ou traidores à pátria podem encontrar acolhimento e protecção na urbe recém-fundada([7]). Φύσις

([7]) Veremos adiante, nas cenas finais da peça que põem em prática as teorias agora anunciadas, como se levantam algumas reservas à aplicação deste acolhimento liberal, nomeadamente no caso do parricida.

sai ainda vitoriosa sobre νόμος, lá onde asas são um símbolo de libertação e de satisfação das necessidades naturais (cf. *Nu.* 1075 sqq.). E da teoria, passa-se à prática. Decide-se o nome do território (vv. 809 sqq.), escolhe-se para ele um deus protector, a quem dedi-car um festival semelhante ao das Panateneias (vv. 827 sqq.), nomeia-se os responsáveis pela sua defesa (vv. 832-836), dá-se ordens para a construção das muralhas envolventes (vv. 837 sqq.). Como Atenas, Nefelocucolândia ficará sob o patrocínio da deusa do peplos, Atena Pólias, sólida na protecção do seu muro pelágico (na cidade das aves, «pelárgico», para lembrar πελαργός «cegonha»!). Realizam-se os rituais de fundação, suplica-se o amparo divino, numa invocação longa aos deuses tradicionais com os seus epítetos orníticos, integrados num novo panteão de parceria com divindades aladas([8]).

A vida da cidade anima-se com a chegada dos primeiros visitantes. Determinada à partida pelo modelo ateniense, Nefelocucolândia está agora ameaçada de outros focos de contaminação, simbolizados no cortejo de figuras que lhe bate à porta: o poeta esfarrapado e pelintra, que, a todo o custo, procura sobreviver através da arte que cultiva; o intérprete de oráculos que, pelo poder das suas profecias, granjeou um ascendente social que lhe permite intervir nas grandes decisões do estado; Méton, o geómetra, que, depois de ver o seu nome projectado por obras públicas recentes em Atenas, vem propor um plano urbanístico para a *polis* das aves; por fim, um inspector e um comerciante de decretos que, armados de urnas de voto e textos da lei, trazem à metrópole recém-fundada a pecha pior, a mesma que pôs em fuga Pistetero e Evélpides. O soberano de Nefelocucolândia reage, expulsa-os, protege o seu território dos tentáculos que a cidade de Palas estende sem barreiras, até onde lho permite a fantasia. Para o herói cómico, no dizer de Whitman([9]), trata-se de impedir o acesso à cidade do charlatanismo destes charlatães, com base no princípio de que «o meu charlatanismo é uma forma nobre de *élan* vital; o vosso, uma vigarice inaceitável».

([8]) Ainda que determinada, no seu desenho, por um modelo real, Nefelocucolândia permanece uma cidade de sonho, reforçada de muralhas, mas simplesmente flutuante nas asas da imaginação. Íris pode atravessá-la, sem mesmo se dar conta da sua existência, e os visitantes que a procuram podem fazê-lo sem recurso a asas. Estamos lançados num mundo que desafia toda a lógica e realismo.

([9]) *Op. cit.*, p. 188.

Uma pausa se intromete no desfile de visitantes inoportunos, para permitir ao coro e a Pistetero prosseguirem os sacrifícios da fundação interrompidos. Lançam-se as habituais execrações sobre os inimigos das aves, seguidas de promessas ao júri se premiar a produção do poeta. Umas e outras reconduzem-nos ao mundo de Atenas e são aferidas pelos hábitos e preferências aí vigentes. Inimigos das aves são aqueles que, no mercado, as torturam sem piedade para depois as comercializarem, ou simplesmente os que as mantêm presas em casa, para gáudio próprio e infelicidade das sequestradas. Generosas, as aves são-no com os amigos fiéis... do poeta, aqueles que lhe acenarem com a palma da vitória; a esses todas as vantagens são devidas.

A harmonização dos três planos vai, por fim, consumar-se na última parte da peça. Da terra regressa o arauto com a coroa de louro, penhor de homenagem dos homens ao grande herói e benfeitor da pátria, Pistetero. Por seu intermédio exprime-se o respeito pelo novo senhor e o reconhecimento da sua soberania. Mas, para além de vinculada por este símbolo de submissão, Atenas entrega-se a uma moda revolucionária, com entusiasmo semelhante àquele com que até então se entregava à Laconomania ou às modernices intelectualóides de um Sócrates, de um Querefonte ou dos Sofistas. Instalou-se, com todo o vigor, nas ruas de Atenas, uma ornitomania, que mais não é, em fim de contas, do que uma outra leitura de velhos hábitos. Como pássaros que se apressam em busca de painço, assim os Atenienses abandonam cedo o ninho e saltitam, na ágora,... em torno dos decretos. A novidade das alcunhas de aves, com que muitas personalidades conhecidas foram cognominadas, corresponde ao achado de uma designação nova para vícios conhecidos. A popularidade de canções em que se fala de aves é apenas o retomar de uma tradição ancestral. Em resumo, nada de novo em Atenas, sob o torvelinho superficial de uma rajada de asas. No entanto, nos ares pairam sinais de que, à transformação do reino dos alados numa comunidade organizada, corresponde, entre os mortais, uma sensibilização para a realidade dos voláteis.

E o texto reconduz-nos à Nefelocucolândia, onde se iniciam os preparativos para receber os entusiastas das aves: Com a mistura bem doseada de ingredientes trágicos e cómicos, o poeta cozinha uma cena saborosa, animada pela azáfama e movimento das personagens; de um lado, o coro entoa cantos de louvor à sua cidade, dilecta das Graças e dos Amores, de Tranquilidade e Sensatez, num tom que lembra passos trágicos célebres onde a beleza radiosa de Atenas atrai a mesma preferência divina (cf., *e.g.*, E. *Med.* 829 sqq.); do outro, um Pistetero impaciente e autoritário, que rasga o quadro de harmonia com reprimendas e ameaças ao escravo, dentro de um velho estilo cómico. Paradoxo de efeito seguro na hilaridade geral.

Os visitantes anunciados não se fazem esperar. Vêm na esperança de encontrar entre as aves o clima propício à realização de projectos ambiciosos ou injustos. Imigrar para a Nefelocucolândia significa, para os ornitómanos, penetrar numa atmosfera liberal para actos que ainda são condenáveis em Atenas. O parricida chega com a ilusão de que a lei vigente entre as aves lhe permita sovar o pai e desprezá-lo no fim da vida. Espera-o, porém, uma lição de fidelidade filial exemplificada pelas cegonhas que – ao contrário da prática dos galos que lutam contra os pais (música para os ouvidos do Parricida) – cultivam a devoção pelos progenitores. O poeta Cinésias e os seus ditirambos não colhem junto de Pistetero maior aplauso do que aquele com que a comédia desde sempre os brindara. Por fim, o Sicofanta, convencido de poder, com asas, executar com mais eficácia a perseguição sobre as vítimas que explora, é afastado com um bom par de chicotadas.

Sanada a questão com os homens, resta realizar com os deuses um pacto que consagre em definitivo a soberania das aves. Na pessoa dos seus embaixadores, os Olímpicos propõem-se negociar. Recebe-os um Pistetero atarefado na preparação de uma ementa de aves, que cozinha com requintes de tortura à vista dos recém-chegados: puniam-se, com dureza, os primeiros prevaricadores dentro de Nefelocucolândia, responsáveis por um atentado contra os princípios democráticos instituídos (vv. 1583 sqq.). Jovem ainda, a democracia nefelocucolandesa deparava já com os mesmos sintomas de perigo que afligiam a sua inspiradora ateniense.

Um banquete oferecido, segundo as praxes, aos embaixadores decide o resultado das negociações. Sensível a argumentos gastronómicos, Hércules cativa Tribalo para a sua causa e, numa paródia ao princípio das maiorias, logra fazer impor a sua vontade. E a peça encerra-se, naturalmente, com a vitória do herói e a instalação definitiva do projecto de que é mentor e soberano.

Os grandes beneficiários da nova ordem serão os homens, que passam do domínio opressivo dos deuses para o das aves, o que equivale a dizer que passarão a auferir de graças generosas com a modesta homenagem de uns grãos, depostos nos arbustos, oferendas e templos condizentes com os substitutos dos Olímpicos. De resto, o poder supremo de Zeus é depositado nas mãos de um dos seus, na qualidade de senhor supremo do universo.

Para as aves nem tudo ficou na mesma, para além de uma troca de senhores, como pretende Sommerstein[10]. Juntamente com a troca de senhores, remodelou-se a vida colectiva segundo o padrão ateniense que, a julgar pelo mal-estar que levou Pistetero e Evélpides a procurar o exílio, não se poderá entender como um benefício para as aves. Mais que todos atingidos foram os deuses, agora privados de autoridade e de presentes, e, em contrapartida, sobrecarregados de impostos. Numa palavra, como nota ainda o mesmo estudioso, «a apoteose de Pistetero é apenas o clímax de um projecto persistentemente elaborado de subversão da hierarquia estabelecida no universo, com os seus fossos intransponíveis entre imortais e mortais, homens e animais».

Em conclusão, o que Aristófanes nos propõe, nas Dionísias de 414, é uma imagem impressionista da Atenas contemporânea, quadro que não deve ser olhado de perto e admirado na nitidez do traçado, mas antes focado à distância, de onde a sua realidade se oferece com toda a clareza. Nefelocucolândia, uma realização comunitária estruturada segundo um projecto e uma convenção, nasce do compromisso sempre difícil entre as imposições contrárias de νόμος e φύσις; caricatura social combina-se com momentos poéticos de puro bucolismo. Também nesta medida *As Aves* é a projecção de uma polémica que animava os meios intelectuais atenienses. Num plano mais amplo, porém, é toda a vida da cidade que se oferece à crítica, num esqquema abstracto e simbólico, ponteado de alusões a figuras concretas, apoiado num conjunto de situações de fundo que reproduzem a verdade ateniense. Os muros de Atenas caem para rasgarem um horizonte de proporções universais. Por iniciativa de um herói paradigmático do espírito ático, guiado por um sonho de grandeza e poderio, antecipa-se a realização de um império sem fronteiras que é sobretudo a imagem fantasiosa daquele que a campanha à Sicília almejava. Mau grado os seus podres, Pistetero tem o condão mágico de o transformar num padrão de sucesso.

---

[10] *Aristophanes. Birds,* Wiltshire, 1987, p. 3.

Poesia e comicidade em *As Aves*

Mas, para além das cadeias que sustentam a trama da comédia, uma força maior a impõe como uma criação particularmente feliz no teatro de Aristófanes. É a criatividade poética o mérito maior de *As Aves*, e, pelo menos, neste particular as vozes são unânimes. Se fantasia é, na peça, utopia, paródia política, exuberância cénica, espectáculo, fantasia é também riqueza poética e aparato literário levado a um grau verdadeiramente surpreendente.

Alguns estudiosos([11]) têm manifestado particular admiração pela profundidade de conhecimentos do comediógrafo no campo ornitológico, revelada na menção de várias dezenas de espécies, no conhecimento dos seus hábitos e características, no domínio de toda uma linguagem técnica correspondente (cf., *e.g.*, vv. 105-107, 227 sqq., 881 sqq.). Embora notável – de resto, Aristófanes tem ensejo de mostrar, em vários momentos da sua carreira teatral, a sensibilidade e gosto que nutre pela natureza e vida do campo –, talvez este não seja, apesar de tudo, o maior mérito do poeta, mas antes o ponto de partida para efeitos mais ricos onde a imaginação prevalece. No delineamento da peça, nenhum recurso é desprezado; ao aparato visual da cena subjaz uma opulência poética assente na exploração de expressões da linguagem comum, nomes ou características de personalidades conhecidas, topónimos, mito, tradição literária e teatral, que são a prova da versatilidade de um génio em mobilizar os dados mais diversos de toda uma cultura ao serviço de um objectivo bem determinado.

A caminhada que introduz os dois atenienses no mundo das aves é acompanhada de um diálogo, em que um conjunto de expressões de sentido dúbio sugere eficazmente o itinerário que se oferece à vista do público. Cabe a Evélpides informar o auditório sobre o propósito que lhe guia os passos. A expressão comum ἐς κόρακας ἐλθεῖν (v. 28; cf. v. 889) ganha, na sua boca, um sabor pregnante; o sentido literal «ir para os corvos!», e aquele outro, insultuoso, com que as mesmas palavras soavam aos ouvidos do falante comum, «ir para o raio que o parta!», associam-se de forma natural para designar um destino desconhecido e difícil de atingir, que é, simultaneamente no contexto da peça, a cidade das aves; a metáfora concretiza-se no plano

---

([11]) Cf. Van Looy, *op. cit.*, p. 178.

dramático, a partir do momento em que os dois heróis voltam costas à perturbada Atenas em busca do reino alado. Em contraposição, terminologia do mesmo tipo exprime promessas de felicidade e bem--estar: ou simplesmente o tom radioso e promissor da natureza «em dias alcióneos» (cf. vv. 250 sqq., 1594 e nota 39), ou um prazer total e inatingível expresso no ἀδύνατον «leite de pássaro» (v. 734 e nota 129).

Com frequência, o vocabulário usado para exprimir vulgarmente uma situação é metafórico da vida das aves, sem que o poeta esteja a ser criativo; basta-lhe para tanto seguir as preferências já fixadas na linguagem comum. É o caso do v. 34, onde σοβοῦντος (cf. v. 1258) representa uma forma vulgar para dizer «expulsar», derivado do sentido primitivo de «espantar [pardais]». Ainda com a metáfora das asas se exprime a adesão íntima que um discurso convincente é capaz de despertar nos ouvintes (ἀναπτέρωμαι, v. 433; cf. vv. 1439, 1443, 1445, 1449), motivo que talvez tenha inspiração na própria linguagem retórica. O tema «asas» impõe-se, enfim, na parábase: depois de um canto repleto de poesia, onde o céu se enche do bater das asas e dos gritos das aves, que ecoam nos recônditos olímpicos e aí despertam o clamor divino (vv. 769-784), instala-se o tom pragmático, que refere as asas pelas vantagens mil que representam para o género humano e marca que são da superioridade dos futuros senhores do universo. O vocabulário reforça aqui o entusiasmo dos versos que são um canto de louvor à natureza alada; πτερά, ὑπόπτερος, ἐκπτόμενος, κατέπτετο (vv. 785-789) acompanham o movimento simples do espectador que voa do teatro para almoçar ou para escapar a um coro maçador e regressa com a mesma facilidade; ἀνέπτετο, κατέπτετο (vv. 791 sqq.), o ir e voltar de um contemporâneo a quem convém o tradicional gracejo escatológico, ou de um qualquer mortal que cede a uma imposição fisiológica (vv. 795 sqq.). Para se concluir pelo ascendente comprovado da capacidade voadora (v. 797).

Toda a teia de relações que sustenta a intriga da peça proporciona inúmeros efeitos dramáticos e poéticos. A integração de Pistetero e Evélpides no reino dos cucos e das nuvens concretiza-se, simbolicamente, na adopção da referida insígnia (vv. 801 sqq.). Para Whitman[12], asas significam liberdade perante todo o tipo de peias; para Pistetero, elas são como as tréguas de trinta anos para Diceópolis,

---

[12] *Op. cit.*, p. 182.

ou o escaravelho para Trigeu: o paradigma da auto-suficiência para manipular e controlar o universo. Terminada a parábase, ei-los que regressam à vista do público munidos de asas. E o mesmo tema até agora explorado poeticamente em vários tons manter-se-á em primeiro plano, capaz de proporcionar ainda alguma comicidade visual. Frente ao público, os dois heróis exibem o ridículo que o novo acessório traz à sua imagem, e apoiam, com o diálogo subsequente, a exploração cómica da cena. É com um «Poça! Nunca vi coisa mais patusca em dias da minha vida!» que Evélpides saúda a aparição do companheiro; e ambos procuram, na memória do quotidiano – uma gansa pintada que não vale dez reis de mel coado, um melro tosquiado à tigela –, termos de comparação para a triste figura que exibem.

Dentro da mesma lógica, quando, depois de instituída, a nova cidade franqueia o acesso àqueles que da terra para ela quiserem imigrar – e são milhares no dizer do mensageiro (v. 1305) –, o direito de cidadania encontra, na adopção de asas e garras, o carimbo oficial comprovador da sua legitimidade (v. 1306). Preparar um plano de acolhimento corresponde a apetrechar-se de asas para distribuir pelos requisitantes (vv. 1309-1312). Distribuí-las não significa, porém, converter homens em aves, é antes uma forma criteriosa de realizar o ajuste correcto entre duas naturezas embrionariamente diversas. Para tal, as asas são catalogadas em musicais, proféticas e marinhas, e concedidas por um critério apropriado à diversidade de caracteres dos requerentes. Consuma-se, assim, a sobreposição de aves e humanos através daquele que é o grande símbolo da peça, coroando uma sucessão de situações em que a linguagem deixa patentes os contactos que existem, para além das aparências, entre as duas espécies. A divergência ave/homem estava, na perspectiva cómica, longe de ser irredutível.

Tal conciliação é, na peça, encarnada em Tereu, que, depois de ter sido homem, com todas as características que a eles dizem respeito[13], se integrou no mundo das aves. Metamorfoseado em ave,

---

[13] Evélpides reconhece esta semelhança, que foi, aliás, o motivo que levou os dois exilados a tomarem Tereu por conselheiro; para acentuar a simetria entre a faceta humana de Tereu e a de qualquer ateniense, Aristófanes usa a repetição sucessiva de um hemistíquio, em versos seguidos (vv. 114-116), processo eficaz a que viria a dar maior amplitude no passo famoso de *Mulheres no Parlamento* (vv. 221-228), a propósito do tradicionalismo típico da personalidade feminina.

Tereu acumulou o saber das duas espécies, e exteriormente adoptou um perfil sugestivo de uma natureza híbrida. Também a propósito do aspecto que exibe de poupa improvisada, o poeta não perde a oportunidade de proporcionar ao auditório um momento de cómico à boa maneira popular. A surpresa que a sua aparição provoca nos visitantes, que se traduz numa catadupa de perguntas a apontarem para uma sucessão de pormenores (vv.93-106), comunga do mesmo tom com que, em *As Mulheres que Celebram as Tesmofórias,* Mnesíloco reage à aparição efeminada de Ágaton *(Th.* 136-143). Aristófanes retomava um processo sempre disponível na bagagem de um comediógrafo.

Do plano mitológico, o poeta desce ao nível do quotidiano para sugerir múltiplas semelhanças, físicas e psicológicas, entre as aves e várias figuras contemporâneas: Tarralides tem a pequenez de um gaio (vv. 17 sqq.); Espórgilo, o barbeiro, afinidades – conseguidas por uma falsa etimologia – com o barbudo (v. 300); Cálias, o aspecto triste e decadente de uma ave «depenada» pela voracidade dos que espreitaram a sua fortuna (vv. 284-286); Cleónimo, o apetite devorador de um papa-jantares e a cobardia de uma ave que perde as plumas para salvar a pele (vv. 288-290); Diítrefes, apenas as asas dos garrafões que fabrica, que o promoveram na escala social às alturas de um cavalo-galo dourado (vv. 798-800); Menipo, a dissonância do canto bárbaro da andorinha (v. 1293), como o poeta Fílocles a estridência da cotovia (vv. 1295, 281 sqq.); Opúncio, a voracidade de um corvo (v. 1294); Querefonte, o aspecto fantasmagórico do noctívago morcego (v. 1296); por fim, Siracósio, a rapacidade da pega (v. 1297). Os próprios heróis da peça se apresentam a Tereu sob uma identidade ornítica, que proporciona um delicioso trocadilho de palavras: Evélpides encarna o «caguestruz» da Líbia (v. 65 e nota 11), Pistetero, o «merdanço» do Fásis (v. 68 e nota 13).

As afinidades profundas entre aves e homens são, na imaginação cómica, ainda mais vastas. Além dos exemplos individuais, grandes linhas da estrutura social são igualmente partilhadas pelas duas comunidades. Comecemos pela linguagem. Uma das inovações, já outrora introduzida por Tereu na sociedade alada para que imigrou, foi a língua grega, em substituição do garrular bárbaro nela utilizado. Portanto, no contexto cómico, o código linguístico está, à partida, uniformizado entre Atenas e a Nefelocucolândia. No entanto, as aves conservaram, do seu anterior vozear, vestígios que Aristófanes explora brilhantemente nas frequentes onomatopeias que concorrem para o colorido do texto. Para bater à porta da Poupa, Evélpides imita-lhe o canto (vv. 58 sqq.); e, naturalmente, quando se trata de convocar as aves para lhes comunicar o projecto que irá revolucionar o seu *habitat,* Tereu não poupa longas sequências onomatopeicas para atrair os comparsas (vv. 227 sqq.); frequentes elas são também nas melodias corais *(e.g.,* vv. 737 sqq., 769 sqq.). Multiplicam-se os vocábulos que podem sugerir o piar das aves: ἀμφιτιττυβίζειν (v. 235), πιπίζειν ou διαχεχραγότες (v. 307). Mais significativos são, no entanto, aqueles casos em que a onomatopeia é conseguida a partir de um vocábulo comum, o que deixa perceber como, por momentos, a linguagem humana está bem próxima, também ela, do garrular bárbaro dos alados; assim ἴτω ἴτω ἴτω «venham, venham» (vv. 228 sqq.), ποποποποῦ «ondondonde» (v. 310; cf. v. 1122), τιτιτιτίνα «quaqua quaqua!» (v. 315). No próprio vocabulário, tendências paralelas se revelam flagrantes. Ao retomarem o hábito coloquial das fórmulas de juramento, os falantes alados adaptaram-nas às suas vivências. Como outrora o Sócrates de *Nuvens* utilizara, para testemunhos solenes das suas afirmações, as entidades patrocinadoras do Pensadoiro, num desprezo manifesto pelos Olímpicos, também as aves se identificam com essas fórmulas quando prestam juramento pelas realidades do universo em que vivem. Assim Tereu, entusiasmado pelo projecto de Pistetero, jura a sua adesão «pela terra, pelas armadilhas, pelas ratoeiras, pelas redes» (vv. 194 sqq. e nota 34). De resto, a prática de jurar pelo nome de um animal era já corrente no grego (cf. v. 521 e nota 82). Por fim, num caso ou outro, o nome de uma ave proporciona um jogo divertido com um topónimo (cf. vv. 476, 832).

Ὄρνις, no uso metafórico que ganhou, revela como, no subconsciente humano, a natureza e carácter das aves eram um elemento de constante reflexão e de permanente convívio. Assim, a essência volátil e inconstante que caracteriza as aves, serviu, por metáfora, para designar, entre os homens, aqueles «pardais» (ὄρνιθες), que partilham do mesmo temperamento (vv. 168-170), e se movimentam, esparvoados, numa atitude de censurável leviandade. Interventoras directas no futuro dos homens, as aves podem gabar--se dos préstimos de que a raça humana lhes é devedora. No momento, geralmente dedicado ao poeta, para recordar os serviços prestados à comunidade, Aristófanes cede, desta vez, o passo ao coro para promoção dos seus próprios créditos. É na parábase que as aves desassombradamente anunciam: «toda uma série de serviços é por nós, as aves, prestada aos homens, e de monta» (v. 708; cf.

Ach. 633, 641, 656). Acima de todos coloca-se a importância dos seres alados na adivinhação, determinante nas grandes decisões que conduzem os destinos das cidades; daí que ὄρνις seja sinónimo de todas as situações a que possa ser atribuída a força de um presságio: um espirro, um encontro, um burro, um escravo (vv. 719-721). Fortuna material conta-se pelas «corujas do Láurion» (v. 1106 e nota 218), que fazem ninho e criam filhotes no bolso dos bafejados pela sorte.

Em contrapartida, depois de organizadas segundo um padrão humano, as aves mostram-se capazes de realizar tarefas semelhantes às dos mortais, como seja o empreendimento hercúleo de erguerem, em volta de Nefelocucolândia, uma muralha defensiva. O texto enriquece-se de uma terminologia técnica, as diversas tarefas que a empresa comporta são minuciosamente enumeradas (vv. 839-842), num alarde de competência dos novos operários. Equipas eficientes se organizam na repartição dos trabalhos, de acordo com os hábitos e aptidões naturais de cada uma – os grous no transporte de pedras, as aves do rio no da água necessária –, ou com a sua anatomia – os patos, de avental, a carregarem tijolos, as andorinhas, com a colher de trolha atrás das costas, a prestarem serventia (vv. 1136 sqq.). Maravilhados, Pistetero e o mensageiro não poupam exclamações: «Estou pasmado! Até parece mentira!» (vv. 1135, 1167). O milagre realiza-o, simplesmente, a imagética, num associar fácil e natural da actividade humana ao operar das aves.

Garantir a identidade política de uma cidade, depois de fundada, exige, entre as aves como entre os homens, a capacidade de a preservar e defender de inimigos. O mesmo potencial bélico de que as aves haviam dado mostras na resistência ao invasor encarnado em Pistetero e Evélpides, ser-lhes-á mais tarde precioso para a salvaguarda e projecção do império que instituem. Nos momentos de crise, o texto enriquece-se de termos guerreiros, que apoiam o clima movimentado das cenas; lugar-comum da comédia no contencioso que tradicionalmente opõe o herói e o coro, o diferendo conforma-se, na peça de 414, com a natureza específica das aves. O coro alinha-se para o ataque; asas abertas encurralam o inimigo, bicos ameaçadores avançam num ataque sem tréguas (vv. 344-348); τίλλειν, δάκνειν, ἐπάγειν τὸ δεξιὸν χέρα «destroçar, morder, fazer avançar a ala direita» são ordens dadas a um batalhão organizado (vv. 352 sqq.; cf. v. 365). Pistetero e Evélpides defendem-se como podem, com as armas ao seu dispor. Como outrora Diceópolis se refugiara na protecção dos cestos dos carvoeiros, os dois viandantes escudam-se nas panelas, pratos, espetos, travessas, que constituem o essencial da bagagem que os acompanha. O ardor do combate suspende-se, numa tentativa de esgotar as possibilidades de um acordo. Pistetero e o companheiro depõem a panela, as aves, a coragem e a cólera, como fazem os hoplitas. As armas regressam ao átrio, suspensas junto ao lar, como em tempo de paz (vv. 434-436), até ao dia em que os avisos públicos de novo mobilizem as hostes (vv. 448-450).

Dentro ainda das confluências entre alados e humanos, alguns aspectos dizem respeito a grupos étnicos particulares, alguns dos quais, conhecidos dos Gregos sobretudo a partir das guerras pérsicas, mantinham um certo sabor a mistério e fantasia. Do duplo sentido de λόφος «crista» e «cume», se estabelece um parentesco entre as aves que têm crista e que procuram os lugares elevados e o povo cário que, por segurança, instala as cidadelas na cumeada dos montes (vv. 291--293 e nota 49). Para além de exemplos que abonam paralelismo de hábitos, Pistetero, imbuído de pura oratória sofística, enumera provas, anatómicas e culturais, de uma interferência das aves na vida dos povos, nos dias remotos em que aquelas eram soberanas. Assim, os galos, designados por Περσικοὶ ὄρνιθες, «aves da Pérsia», confirmam uma ancestral realeza sobre aquele povo no andar magistral que lhes é típico e na crista erguida, qual tiara do soberano persa. Autoridade ainda viva na acção que o galo desempenha no despertar do povo a horas de iniciar o afã diário (vv. 483-492). E nem só os bárbaros contam no seu passado com o domínio alado. Os próprios Helenos estiveram também submetidos ao poder do milhafre, diante do qual, segundo uma tradição popular, continuam a rojar-se (vv. 499--501). O aparato fantasista de toda uma série de argumentos a fundamentarem a tese proposta – o ascendente das aves sobre os homens – quebra-se nas recordações de Evélpides, extraídas da experiência individual em situações correntes, e marcadas por um tom francamente ridículo. Por fim, o ascendente do cuco sobre o Egipto, onde a relação daquela ave com a faina agrícola proporciona um equívoco de feição sexual, muito ao gosto da comédia antiga (vv. 504-507). A arte acrescenta o testemunho definitivo, com a representação que propagandeia de figuras reinantes a partilharem com as aves o poderio de que estão investidas: sobre o ceptro de um Agamémnon ou Menelau pousa uma ave, participante nos tributos devidos aos monarcas (vv. 508-510).

Eco de mais alguns fios de ligação se faz a tradição popular, nas suas crenças e verdades universais: que a coruja, símbolo da protectora Atena, não ataca o povo da deusa escudado por uma panela (vv. 357-359); ou, verdade propagada por um provérbio, que «de tesouros escondidos ninguém conhece o paradeiro, a não ser, claro, um passarinho» (v. 601). O mundo literário abunda de alusões a aves. Desde Hesíodo (v. 609), passando pelas fábulas de Esopo (vv. 471 sqq., 651 sqq.), que a sua presença na produção literária se fora progressivamente radicando, até atingir sucesso estrondoso entre os cultores mais modernos das Musas. Fresca na memória de todos a presença daqueles seres na cena trágica contemporânea, Sófocles aproveitara do mito a metamorfose de Tereu em Poupa, e – queixa-se a personagem cómica – fora o responsável pela imagem de decadência e ruína que a figura passou a corporizar (vv. 100 sqq.); depois Fílocles havia de criar um descendente dessa mesma poupa, no progresso de uma genealogia radicada no mito e com Sófocles no seu percurso([14]). Além das peças em que uma ave ocupa a linha temática central, menções ocasionais se respigam da criação trágica: um verso esqquiliano, entretanto convertido numa máxima (v. 808); a reprodução paródica, na boca do Parricida, que anseia por um paraíso onde possa dar largas aos instintos violentos que o dominam, de um daqueles passos famosos em que a personagem trágica, colhida nas tramas do infortúnio, sonha com um par de asas velozes que lhe abram o caminho da fuga para paisagens de luz e liberdade (vv. 1337-1339). E mais modernamente, o prestígio das aves instala-se nas novidades poéticas do ditirambo, de que Cinésias é o mais fidedigno representante. Pássaros, nuvens, ventos, rotas sem destino pelas camadas etéreas do universo constituem os pontos de sustentação de uma arte revolucionária, rica de abstraccionismo e imaginação. Através dos poetas, a arte desceu à rua; por isso, tomados agora de ornitomania, os Atenienses fazem uso, nas cantigas populares que se entoam pelas ruas, do mesmo temário (vv.1300-1303).

Em resumo, podemos repetir com Komornicka([15]): «Em *As Aves*, o poeta aproveita todas as ocasiões para fazer apelo a uma citação

---

([14]) Além da referência a mais uma tragédia assente no tema aves, Aristófanes aproveita para introduzir uma paródia das habituais genealogias trágicas, de que Eurípides era o mais devotado cultor (vv. 281-283).

([15]) *Op. cit.*, p. 94.

poética, provérbio, expressão transposta, ou jogo de palavras em que se trate de asas, diverte-se prodigiosamente a recordar todas as acepções do vocábulo ὄρνις e todas as significações «mágicas» que lhe eram dadas, de modo que acaba por fazer da «ave» um símbolo de numerosos aspectos da vida humana».

Mas a harmonização do universo inteiro sob a realeza das aves não dispensa o relacionamento com o outro bloco dos seus subordinados, ou seja, os deuses olímpicos. Entre alados e deuses existe uma harmonia natural, responsável por alguns dos melhores momentos líricos da peça: o canto. Esse o tom do célebre canto da Poupa, que procura despertar o rouxinol. Em doces acentos, Tereu recorda o poder da voz da companheira, que se ergue, através da folhagem, até ao Olimpo, de onde Apolo lhe responde com o tanger divino da lira; inebriados pela melodia, os imortais acompanham-na em coro (vv. 209-222). É também com um canto, que entoam em honra de Apolo, que os cisnes silenciam a natureza e os próprios deuses e criam o momento estático que precede uma epifania; por entre a estupefacção que todos paralisa, ecoa, em resposta, a voz ululante das Graças e das Musas (vv. 769-784).

Asas são outro elemento comum com que o mito aproximou aves e deuses. Hermes, Vitória, Eros e Íris são a prova de que não será difícil que as aves se imponham à reverência dos homens, já que deuses alados não são uma novidade para os mortais. O próprio mito criou alianças simbólicas: de Zeus com a águia, de Apolo com o falcão, de Atena com a coruja (vv. 514-516). De outras confluências se encarrega a imaginação do poeta: de Afrodite se aproxima o fal...eirão, de Posídon uma ave aquática, de Hércules um ser voraz como a gaivota, de Zeus a carriça, que é ave real (vv. 565-569).

Mais tarde a cena anima-se com a aproximação clandestina de Íris. Denuncia a presença da deusa um ligeiro bater de asas, e o céu vibra com o alarido do voo das hostes aladas, alvoroçadas pela incursão inimiga. Sobre a μηχανή, Íris surge então de asas distendidas, arco-íris nos cabelos, aparição faustosa que Pistetero saúda com manifesta surpresa. A cena ganha movimento por entre o questionar de Íris sobre os pormenores legais que não cumpriu, e uma chuva de ameaças, carregadas de duplos sentidos, a penalizar a transgressora. Este o primeiro sinal de um possível conflito que poderá instalar-se perante o assalto que as aves planeiam às rédeas do poder. Íris, em tom trágico, recorda a força destruidora da vingança divina; seguro de si, Pistetero ameaça Zeus com as águias incendiárias – volta-se o feitiço contra o feiticeiro – e com um bando de porfírions, capaz de ressuscitar a velha gigantomaquia. Íris, essa é «espantada», depois de intimidada pela pujança viril do velho Pistetero. Tragédia, mito, comédia popular, espectáculo teatral, movimento cénico, flutuações de linguagem combinam-se num momento de grande efeito cómico. Como outrora, Prometeu advoga a causa dos homens e doutrina--os na forma de levarem a bom termo o seu projecto. Uma negociação derradeira entre aves e deuses, representados numa embaixada, proporciona um último episódio burlesco. Hércules, todo ele nariz e mandíbulas, a salivar de gula à vista de um bom jantar, rendido a todas as condescendências para com a parte contrária, cativa para a causa que defende um Tribalo, deus bárbaro e grosseiro, a balbuciar um grego estropiado, uma figura mais a acrescentar a outras personagens estrangeiras que Aristófanes modelou, a partir de um motivo tradicional, para criar momentos eficazes de teatro cómico. Em contraste com estes dois palhaços, um Posídon senhor de alguma dignidade olímpica, é por esse mesmo facto o natural vencido.

Colossal surge, enfim, a hora final da vitória, que é também o consumar-se, por entre aplausos, de um império de fantasia, onde é soberano o poeta protegido das Graças e das Musas.

BIBLIOGRAFIA

Edições

R. Cantarella, *Aristofane. Le commedie,* IV, Milano, 1956.
V. Coulon et H. Van Daele(*), *Aristophane,* III, Paris, reimpr. 1967.
M. Dunbar, *Aristophanes. Birds,* Oxford, 1995.
J. Van Leeuwen, *Aristophanis Comoediae,* Leiden, reimpr. ²1968.
A. H. Sommerstein, *Aristophanes. Birds,* Wiltshire, 1987.

Estudos

J. Carrière, «Sur la choréographie des *Oiseaux d'Aristophane*», *REA* 58,1956, pp.211-235.
V. Coulon, «Supplément au tome III de mon édition d' Aristophane», *REG* 43, 1930, pp. 36 sqq.
A. M. Dale, «The Hoopoe's song», *Collected Papers,* Cambridge, 1969, pp. 135 sqq.
C. W. Dearden, *The stage of Aristophanes,* London, 1976.
K. J. Dover, *Aristophanic comedy,* Berkeley and Los Angeles, 1972.
M. Dunbar, 'Aristophane, ornithophile et ornithophage', *in Aristophane: la langue, la scène et la cité,* ed. P. Thiercy et M. Menu, Bari 1997, pp. 113--129.
V. Ehrenberg, *The people of Aristophanes,* Oxford, ²1951.
H. Flashar, 'Men and birds', *Humanitas* 52, 2000, 311-320.
E. Fraenkel, *Beobachtungen zu Aristophanes,* Roma, 1962.
E. Fraenkel, «Some notes on the hoopoe's song», in *Kleine Beitrage zur klassischen Philologie,* I, Roma, 1964, pp. 453-462.
T. Gelzer, 'Some aspects of Aristophanes' dramatic art in the *Birds', in Oxford Readings in Aristophanes,* ed. E. Segal, Oxford, 1996, 194-215.

(*) Edição que serviu de base ao presente trabalho.

R. Goossens, «Autour de l'expédition de Sicile *(Oiseaux* 363 et 369)», *AC* 15, 1946, pp. 43-60.

A. M. Komornicka, *Métaphores, personnifications et comparaisons dans l'œuvre d'Aristophane,* Krakow, 1964.

L. B. Lawler, «Limewood Cinesias and the dithyrambic dance», *TAPhA* 81, 1950, pp. 78-88.

K. Lever, *The art of Greek comedy,* London, 1956.

K. Mcleish, *The theatre of Aristophanes,* Essex, 1980.

H. Van Looy, «Les *Oiseaux* d' Aristophane: essai d'interprétation», in *Le monde grec (Hommage à Claire Préaux),* Bruxelles, ²1978, pp. 177-185.

C. Moulton, *Aristophanic poetry,* Göttingen, 1981.

C. T. Murphy, «Popular comedy in Aristophanes», *AJPh* 93, 1972, pp. 169-189.

G. Murray, *Aristophanes. A study,* Oxford, reimpr. 1968.

A. W. Pickard-Cambridge, *Dithyramb, tragedy and comedy,* ed. rev. by T. B. L. Webster, Oxford, ²1962.

A. W. Pickard-Cambridge, *The dramatic festivals of Athens,* 2nd ed. rev. by J. Gould and D. L. Lewis, Oxford, 1968.

J. Pollard, *Birds in Greek life and myth,* London, 1977.

A. C. Ramalho, *Dipla onomata no estilo de Aristófanes,* Coimbra, 1952.

M. H. Rocha Pereira, *Estudos de história da cultura clássica,* I, Lisboa,(⁶) 1988.

E. Romagnoli, «Origine ed elementi della commedia d' Aristofane», in *Filologia e poesia,* Bologna, 1958.

C. F. Russo, *Aristofane autore di teatro,* Firenze, 1962.

G. M. Sifakis, *Parabasis and animal choruses. A contribution to the history of Attic comedy,* London, 1971.

M. F. Sousa e Silva, *Crítica do teatro na comédia antiga,* Coimbra, 1987.

J. Taillardat, *Les images d'Aristophane,* Paris, 21965.

D'A W. Thompson, *A glossary of Greek birds,* Hildesheim, ²1936.

C.H. Whitman, *Aristophanes and the comic hero,* Cambridge, Massachusetts,1964.

As abreviaturas usadas para os periódicos são as de *l'Année philologique.*

I Argumento

Dois velhos, cansados de processos, abandonam Atenas, em procura de Tereu – o homem que se tornou poupa –, para se informarem sobre qual o melhor modelo de cidade a fundar. Como guias de viagem servem-se de duas aves, uma gralha e um gaio. Chamam-se os dois viandantes, um Pistetero, o outro, que é o primeiro a falar, Evélpides. A cena situa-se em Atenas. A peça pertence ao número daquelas que têm mais garra na sua composição.

Foi apresentada no arcontado de Cábrias, sob o nome de Calístrato, que com *Aves* alcançou, nas Dionísias Urbanas, o segundo lugar. Em primeiro ficou Amípsias, com *Os foliões,* em terceiro Frínico com *O solitário.* A comédia figura em 31.º lugar.

Terrível era a situação de Atenas no momento: destruição da armada na Sicília, morte de Lâmaco e Nícias, os Lacedemónios a fortificarem Decelia, e Ágis, o general espartano, a invadir a Ática. Alcibíades alinhava no partido pró-espartano e, na assembleia, fazia propostas favoráveis aos Lacedemónios. Sob uma tal vaga de infortúnios, os Atenienses procuravam o exílio. Mas nem por isso se deixavam de golpes baixos e delações.

II Argumento

Consideravam os Atenienses como sua maior glória o facto de serem autóctones, e como primeiro motivo de orgulho o aparecimento da cidade de Atenas, quando nenhuma outra existia ainda. Mas, com o curso do tempo, por culpa de chefes desonestos e cidadãos de má têmpera, a cidade naufragou. Soube, no entanto, recuperar-se. Por ocasião da guerra com Decelia, meia dúzia de oportunistas ocuparam o poder e, por sua intervenção, a situação tornou-se precária.

Já em peças anteriores, escudado na imunidade do poeta cómico, Aristófanes tinha criticado os maus governantes, não às escâncaras – não havia ambiente propício para tal –, mas veladamente, exprimindo o seu desacordo tanto quanto a comédia lho permitia. Em *As Aves*, elabora também um projecto grandioso. Já que a cidade sofria de um mal incurável, arruinada pelos governantes, o poeta imagina uma outra cidade e outros governantes, como se assim desse remédio aos males existentes. Mais ainda: aconselha também, se necessário for, uma alteração completa de hábitos e índole, com vista a uma existência tranquila.

Este é, portanto, o fio condutor da intriga. Mostras de irreverência para com os deuses são oportunamente distribuídas. Do que a cidade precisa, segundo o poeta, é de deuses novos, já que os actuais não se preocupam com as condições de vida dos Atenienses e se alheiam por completo dos problemas da urbe. Na sua totalidade, a comédia está estruturada do seguinte modo: cada uma das partes não existe por acaso, antes critica sem rebuço a falta de senso dos Atenienses, e daqueles de entre eles que têm nas mãos o poder público. A intenção é fazer germinar nos espectadores o desejo de acabar com o mau governo do tempo. Aristófanes imagina uma cidade longe da terra, situada no céu, com conselhos e assembleias de aves, desgostado que está com os de Atenas. Mesmo os momentos burlescos, quando traz à cena o inspector, o vendedor de decretos e os outros, não são gratuitos, pelo contrário, põem a nu a aspiração geral de enriquecer sem escrúpulos. Por fim, é ainda ridicularizada a imprevidência dos deuses.

Os nomes dos dois velhos pressupõem que um deles confia no companheiro, e que o outro alimenta esperanças num futuro melhor. Segundo algumas opiniões, noutras peças o poeta terá feito a caricatura das invenções fabulosas da tragédia; na comédia em causa, retoma o assunto das antigas gigantomaquias, para incentivar as aves a contestarem o poder dos deuses.

A peça foi apresentada no arcontado de Cábrias, nas Dionísias Urbanas, sob o nome de Calístrato. Às Leneias apresentou, sob o nome de Filónides, o *Anfiarau*. O tempo da acção pode colher-se nos acontecimentos do ano anterior, durante o arcontado de Arimnesto (arconte que precedeu Cábrias). Nessa altura, os Atenienses enviaram a nau Salamínia para repatriar Alcibíades, sob acusação de ter ridicularizado os mistérios. Este seguiu os emissários até Túrios, mas aí conseguiu escapar-se para se acolher à protecção espartana.

Aristófanes menciona esta repatriação, sem referências directas, mas fazendo-lhe alusão quando diz: «Isso não! Junto à costa nem pensar! Não vá que um belo dia por lá desponte a Salamínia com um oficial de diligências a bordo!»

III Argumento

Dois velhos atenienses, Pistetero e Evélpides, para escaparem às delações reinantes em Atenas, decidem emigrar. Compram um gaio e uma gralha e partem ao encontro das aves, decididos a permanecerem entre elas. Estas, a princípio, recusam-se a coabitar com os homens, seus inimigos de sempre. Mas, depois de conhecerem as vantagens que daí lhes podem advir, concordam em acolhê-los. Fundam uma cidade nos céus, a que dão o nome de Nefelocucolândia. Nem mesmo esta, porém, os Atenienses deixam em paz: adivinhos e intérpretes de oráculos, entre eles até o próprio Méton, a ela aportam na esperança de obterem qualquer benefício. Todos são despedidos de mãos vazias. Por fim, os próprios deuses, ralados de fome porque o fumo dos sacrifícios deixou de chegar-lhes, mandam às aves uma embaixada.

O objectivo da peça é, mais uma vez, criticar os Atenienses pelo fanatismo por demandas. A cena situa-se nos rochedos e no mundo das aves. A comédia foi escrita depois de Alcibíades ter sido chamado a Atenas (vinha na nau Salamínia), por causa da mutilação dos Hermes e da sua fuga para a Lacedemónia.

IV Argumento

Em fuga de demandas, dois atenienses partem à procura da poupa, conhecida por Tereu, a quem interrogam sobre uma cidade tranquila. Um deles, na presença da poupa e de muitas outras aves, revela o poder da raça alada. Mais ainda: explica-lhes de que modo, se fundarem uma cidade no meio do céu, podem assenhorear-se do poder dos deuses. A partir de então, põem em prática aquele remédio e as asas; os deuses, pressentindo uma ameaça não despicienda, acabam por resignar-se.

V Argumento (de João Tzetzes)

As Aves é uma comédia de Aristófanes, da qual o gramático Aristófanes de Bizâncio escreve o argumento, que se encontra neste livro. Tzetzes cobre de elogios esta peça, como de resto também *Lisístrata, Acarnenses, Paz* e outras, encarecendo o tema, a estrutura e todos aqueles elementos que o poeta introduz nestas comédias, como conselhos dirigidos à cidade e ao povo e de grande utilidade para as famílias.

A peça de modo algum contém, como *Cavaleiros,* a caricatura mordaz de um bom general ou de um fogoso orador. Não diz aquele gramático que a peça seja bela como *Rãs,* comédia que, no entanto, tem uma abertura satírica demasiado insistente numa comicidade vulgar, com estrépito de castanholas à mistura, um Xântias a carregar bagagens às costas e outras do género ao longo do drama. Elogia, no entanto, esta peça e as outras atrás mencionadas, pelos motivos já expostos. Aplauso lhe merece também a comédia dedicada a Sócrates, *Nuvens,* como absolutamente inimitável pela estrutura, tema, estilo, desfecho e todos aqueles elementos de que depende, no ponto de vista dos retóricos, o estilo vigoroso. O argumento de *As Aves* descreve-o o gramático da seguinte forma: o poeta compôs esta comédia, *As Aves,* manejando, como hábil retórico, muitos componentes. Antes de mais, ridiculariza o espírito bélico dos Atenienses, as guerras com os inimigos externos e as disputas internas, e exorta-os à paz e à tranquilidade, sem se atrever a aconselhá-los abertamente. De facto, bem conhecidas se tinham tornado a ira e violência indomáveis de que eram capazes. Ao mesmo tempo, o mais discretamente possível, satiriza também Sófocles, que havia descrito a metamorfose de Tereu e Procne em aves; caricaturados são igualmente alguns Atenienses, apanhados pela mania das aves, que se alcunham de gansos, rolas, perdizes ou codornizes e outros nomes do estilo inspirados nas aves; ou os parricidas, gente moça que, como os galos, luta com os pais; censura também mil e outros defeitos dos Atenienses, como despesas excessivas com geómetras, adivinhos, autores de encómios e de decretos, e outros gastos inúteis. Mas esta peça escreveu-a sobretudo para censurar a sua eterna paixão por litígios: este o tema da intriga. Imagina que Pistetero e Evélpides, profundamente desgostados com o tumulto de Atenas, partem em busca de uma cidade pacífica e tranquila, e acabam por encontrá-la. Decidem ir para o reino das aves, ao encontro de Tereu, que lhes indique uma cidade assim; por ter sido homem outrora – ao que diz Sófocles – e agora, como ave, ter sobrevoado a terra inteira. Com o objectivo de chegarem ao reino alado, Evélpides deixa-se guiar por um gaio, Pistetero por uma gralha. Levados por eles até Tereu, por montes elevados e rochosos, interrogam-no sobre a tal cidade e sobre a vida entre as aves. Quando ouvem dizer que as aves vivem livres de dinheiro e que se alimentam de hortelã, mirtos e outras plantas, ficam entusiasmados com este tipo de vida tão pacato. Decidem estabelecer-se entre os alados e aconselham Tereu a fundar uma cidade no céu. As aves todas, reunidas em assembleia, estão prontas, a princípio, para matar os homens, que consideram inimigos. Mas depois de ouvirem o projecto e de tomarem conhecimento de que outrora eram soberanas dos deuses e dos homens, mais antigas que Zeus e Cronos e do que a própria Terra, e de que tinham sido espoliadas do trono por indolência sua, de repente ardem de desejo de recuperar o poder. Fundam, desde logo, uma cidade no alto dos céus, grande e fantástica, a Nefelocucolândia. Enviam depois um arauto lá abaixo, aos homens, a informá-los de que devem sacrificar às aves e não mais aos deuses. Ainda mal construída a cidade, e já a ela acorre um poeta a compor hinos, a seguir um intérprete de oráculos, um geómetra, um inspector, um escrivão de decretos e todos aqueles que são, numa sociedade, os mais importunos.

Chega o arauto que havia sido enviado aos homens, com uma coroa de ouro para coroar Pistetero na sequência destes acontecimentos. Este avisa que mais de 10 000 homens, vindos da terra, pretendem imigrar para a urbe: tem de pensar-se em fornecer-lhes asas condignas. Asas dá ele aos sicofantas com um bom par de chicotadas, aos jovens parricidas dá-lhes asas com bons conselhos. Então, como se fossem galos, arma-os com um escudo no lugar de asas, com uma espada em vez de bico, e com um elmo em vez de crista de galináceo. Desta forma, armados em pássaros, manda-os para o combate, e recomenda-lhes que nele ganhem a vida e deixem em paz os progenitores.

Entretanto do Olimpo desce Hermes, para anunciar a Pistetero que, desde o dia da fundação da cidade, Zeus e toda a raça dos imortais passam fome. Nem um só homem nos faz, a nós os deuses, qualquer sacrifício; os deuses estão cheios de fome e preparam-se para mandar uma embaixada. Mas vocês não se mostrem abertos a uma trégua com os deuses, se Zeus não entregar às aves o ceptro e a Realeza. Depois destas palavras de Hermes, chegam os embaixadores, Posídon, Héracles e um outro deus, um tal Tribalo. Pistetero e as aves, porém, não aceitam tréguas até os embaixadores dos deuses prometerem que Zeus lhes entrega o ceptro e a Realeza.

100   Este é o tema da peça; as personagens são Evélpides, acompanhado de Pistetero, o servo da Poupa, e a própria Poupa, Tereu, um coro de aves, um poeta, um sacerdote, um intérprete de oráculos, um
105 geómetra, um inspector, um escrivão de decretos, Íris, a mensageira dos deuses, um semicoro, um mensageiro, um arauto, um jovem parricida, um sicofanta pobretana, Prometeu e os embaixadores,
110 Posídon, Hércules e o deus Tribalo. Ou seja, vinte e uma personagens, segundo Tzetzes. Para outros são apenas – e erradamente – dezoito. A cena da peça situa-se em Atenas. Segundo outras opiniões, com que Tzetzes concorda – para entrar em discordância com alguns – passa-se na montanha, entre rochedos e aves.

AS AVES

PERSONAGENS DA PEÇA

EVÉLPIDES
PISTETERO
SERVO DA POUPA
POUPA
CORO DE AVES
SACERDOTE
POETA
INTÉRPRETE DE ORÁCULOS
MÉTON, O GEÓMETRA
INSPECTOR
VENDEDOR DE DECRETOS
1º MENSAGEIRO
2º MENSAGEIRO
ÍRIS
ARAUTO
PARRICIDA
CINÉSIAS, O DITIRAMBÓGRAFO
SICOFANTA
PROMETEU
POSÍDON
TRIBALO
HÉRACLES
3º MENSAGEIRO

EVÉLPIDES (¹)

É em frente que dizes, na direcção daquela árvore que se vê além?

PISTETERO
(à gralha que traz consigo)

Um raio que te parta! *(ao companheiro)* Lá está a fulaninha a grasnar outra vez, para voltar para trás.

EVÉLPIDES

O quê? De que nos serve, meu pobre amigo, corrermos por montes e vales? Havemos de ter um rico enterro, a metermo-nos ao caminho totalmente à deriva!

PISTETERO

E dizer que eu – pobre de mim! –, para fazer a vontade a uma   5
gralha, dei uma volta de mais de mil estádios.

(¹) Num cenário remoto e deserto, guiados apenas por duas aves em quem confiam como em seres predestinados, caminham dois atenienses foragidos do mundo hostil e litigioso em que se converteu a Atenas dos seus dias: Evélpides (εὖ-ἐλπί-δης «o filho da boa esperança») e Pistetero (πισθ-έταιρος «um companheiro digno de confiança»). Para realizarem o arrojado projecto de chegarem até Tereu, a Poupa, Evélpides e Pistetero compraram, no mercado, uma gralha e um gaio, únicos guias capazes de os conduzirem por essas veredas jamais percorridas por seres humanos. Sobre os problemas que o nome de Pistetero suscita, cf. B. Marzullo, «L 'interlocuzione negli *Uccelli* di Aristofane», *Philologus* 114, 1970, pp. 181-184.

EVÉLPIDES

E que eu – triste sina a minha! –, para fazer a vontade a um gaio gastei as unhas dos pés.

PISTETERO

Mas afinal em que canto do mundo estamos nós? Já perdi completamente a tramontana!

EVÉLPIDES

10   A partir daqui, deste lugar,... eras capaz de descobrir a nossa terra?

PISTETERO

Nem por sombras! Daqui?! Nem eu, nem o Execéstides([2])!

EVÉLPIDES

Isto é que é uma vida!

PISTETERO

Olha, meu caro, sabes que mais? Por esse tal caminho vai tu, se quiseres!

EVÉLPIDES

Pregou-nos uma boa partida o vendedor de aves, o tal Filócrates([3])
15   – e que maus fígados o tipo tem! A querer convencer-nos de que estes

---

([2]) Execéstides pertence, a julgar pelos ataques que lhe são dirigidos nesta peça, ao número daqueles que se arrogavam indevidamente cidadania ateniense. O v. 764 identifica-o como escravo oriundo da Cária, que procurou forjar ascendência ateniense e tornar-se, assim, membro de uma fratria que lhe legitimasse essa origem. O seu padroeiro deve, no entanto, o nosso herói procurá-lo entre os deuses bárbaros, aqueles que patrocinam a gente da sua terra (vv. 1526 sqq.). Frínico refere-se-lhe, no fr. 20 K, numa enumeração de «grandes macacões».

([3]) Filócrates, um popular vendedor de aves, será, no dia em que elas reassumirem o antigo ascendente e autoridade, duplamente penalizado por todos os sofrimentos que o negócio que explorava lhes infligiu (cf. vv. 1077-1083).

dois parceiros nos iam mostrar, lá no reino da passarada, Tereu(⁴), a Poupa, que virou ave. À pala disso, impingiu-nos, por um óbolo, este gaio, um filho de Tarralides(⁵), e aquela ali por três. E não resta dúvida de que nenhum dos dois sabe mais do que morder. *(ao gaio)* E esta? O que quer dizer esse bico escancarado? Querem ver que 20 ainda há um lugar qualquer, por essas pedras abaixo, onde tencionas levar-nos! Porque lá caminho, aqui, nem sombra dele!

PISTETERO

C'os diabos! Nem sequer um carreiro para amostra!

EVÉLPIDES

E a gralha? Estará a dizer alguma coisa sobre o caminho?

PISTETERO

O que é certo é que ela não grasna a mesma coisa que há bocado.

(⁴) Segundo o mito, Tereu, soberano da Trácia, desposou Procne, filha de Pandíon, rei de Atenas. Fascinado pela doçura da voz de Filomela, sua jovem cunhada, simulou a morte de Procne – a quem encarcerou e cortou a língua – para convencer o sogro a entregar Filomela ao seu amor. A esta traição, Procne respondeu com a mais terrível das vinganças: despedaçou Ítis, o filho do casal, e serviu ao progenitor as suas carnes. A revolta de Tereu determina a intervenção divina, que se concretiza numa tripla metamorfose: de Procne em andorinha, de Filomela em rouxinol e de Tereu em poupa.

Com variantes, o mito despertou o interesse dos poetas ao longo da literatura grega: cf. *Od.* XIX. 518-523; Hes. *Op.* 568; S. *Tereus,* 100 sqq. A. H. Sommerstein *(Birds,* Wiltshire, 1987, p. 202) recorda como, segundo o preceito de Aristóteles *(Po.* 1453a 36-39), a comédia converte os dados do mito: «aqueles que o mito transforma em figadais inimigos... tornam-se amigos». É o caso de Tereu e Procne, que nos irão surgir como um par harmonioso (vv. 209-222), ainda que o amor materno continue a ditar a Procne tristes lamentos.

Para maior informação a respeito deste mito, vide R. Graves, *Greek Myths,* I, Middlesex, reimpr. 1977, pp. 165-168.

(⁵) O motivo de comparação deste filho de Tarralides – um anónimo para o leitor moderno – com um gaio deve justificar-se pela estatura pequena do personagem. Símaco tentou uma identificação mais concreta de Tarralides, que fez coincidir com Asopodoro, de acordo com alusões feitas pela comédia a este cidadão: de Êupolis (fr. 255 K) à sua pequenez, de Teleclides (fr. 46 K) que o compara com um gaio.

EVÉLPIDES

25   E que é que diz a respeito do caminho?

PISTETERO

Que mais pode dizer, senão que, à bicada, me vai dar cabo dos dedos?

EVÉLPIDES

Uma destas dá que pensar! Nós que estamos desejosos de ir... à tal parte, prontinhos para avançar, não damos com o caminho!
30   *(aos espectadores)* É que, aqui onde nos vêem, senhores que nos escutam, sofremos do mal contrário ao do Sacas([6]). Ele, que não é cidadão, quer sê-lo à fina força; nós, que nos honramos de pertencer a uma tribo e de ter um nome de família([7]), de sermos
35   cidadãos entre os cidadãos, sem que ninguém nos espantasse, pusemo--nos a voar da nossa terra a sete pés. Não é que nos não agrade essa cidade, por não ser grande, feliz ou aberta a todos... quando se
40   trata do pagamento de impostos. A verdade é que, se as cigarras lá cantam, durante um mês ou dois, nos ramos das figueiras, os Atenienses levam o tempo a cantar, a vida inteira, em cima dos

---

([6]) Abundantes são, na comédia, as referências à origem estrangeira de Acestor, que lhe valeu as alcunhas de Sacas e de Mísio (cf. Ar. *V.* 1221; Metag. fr. 13 K; Theopomp. Com. fr. 60 K; Eup. fr. 159 K). Como poeta, Acestor desiludiu o público com a pobreza e insignificância dos temas que apresentou (Cratin. fr. 85 K), que deixavam frios também os coreutas, por terem de colaborar em tragédias medíocres (Call. Com. fr. 13 K).

([7]) Em finais do século VI a. C., Clístenes havia reagrupado os *demoi* da Ática em dez tribos, segundo a localização geográfica, que, na sua totalidade, congregavam os cidadãos de Atenas. O vínculo ao *demos* ou à tribo, que se exprimia por um registo sancionado pelo voto dos cidadãos, era a marca hereditária dessa cidadania. Antes do vínculo ao *demos*, o Ateniense recebia também o nome de família, que o situava numa árvore genealógica e atestava a ancestralidade e solidez da sua ligação com a cidade. Pertencer a um *genos* ilustre continuava a ser, na Atenas clássica, um título de glória e orgulho. Em consequência, o nome oficial do cidadão reunia o seu nome próprio, seguido do nome do pai e da indicação do seu *genos* de origem. Sobre o assunto, cf. F. Chamoux, *La civilisation grecque à l'époque archaïque et classique,* Paris, 1963, pp. 272-287.

processos(⁸). Foi por isso que metemos pernas ao caminho. Com um cesto, uma panela e uns mirtos(⁹), erramos por aí, à procura de um sítio tranquilo, onde nos possamos fixar e viver. O nosso destino é Tereu, a Poupa, a quem queremos perguntar se, nas andanças que fez pelos ares, viu uma cidade deste tipo.

PISTETERO

Eh lá!

EVÉLPIDES

Que é?

PISTETERO

Há já um bocado que aqui a gralha me indica qualquer coisa lá em cima.

EVÉLPIDES

Olha! O gaio também! Bico aberto, a apontar para o alto, como se me quisesse mostrar qualquer coisa. Não há dúvida, aqui deve haver pássaros. Já o vamos saber, se fizermos barulho.

PISTETERO

Sabes o que tens a fazer? Bate com a perna no penedo.

(⁸) A obsessão dos Atenienses por litígios foi muitas vezes motivo de paródia: cf. *infra* vv. 1286 sqq., 1479, *Eq.* 50, 1089, *Nu.* 207 sqq., *Pax.* 54 sqq., V. *passim*. E. K. Borthwick («Two notes on the *Birds* of Aristophanes», *CR* 17, 1967, p. 248) chama a atenção para o facto de o contraste entre a vida tranquila da cigarra e a preocupação dos Atenienses com processos ser um τόπος (cf., sobretudo, Philostr. *VA* 7. 11).

(⁹) Os objectos que acompanham os dois viajantes são os necessários no ritual de fundação de uma cidade: o cesto, com as facas para o sacrifício (cf. *Pax* 948, 960); a panela com as brasas (*Lys.* 297; X. *Hell.* 4. 5. 4) e mirtos com que se coroavam os participantes na cerimónia (cf. V. 860 sqq., *Th.* 37, 448-452).

EVÉLPIDES

55   Ora essa! Bate tu com a cabeça, para termos estrondo a dobrar!

PISTETERO

Vamos, agora a sério! Pega numa pedra e bate.

EVÉLPIDES

Pronto, como queiras! *(chama)* Ó rapaz! Rapaz([10])!

PISTETERO

Que estás tu a dizer, meu caro? A chamares «rapaz» à poupa? Se chamasses, em vez de «rapaz», «ó poupa, poupa!»?

EVÉLPIDES

Ó poupa, poupa! Vais-me obrigar a bater outra vez? Poupa! poupa!

SERVO DA POUPA

60   Quem será? Quem é que está a chamar o meu patrão?

PISTETERO *(assustado)*

Deus nos acuda! Que bicanço!

SERVO *(assustado também)*

Estou frito! Dois caçadores de pardais, esses fulanos!

EVÉLPIDES *(recuperando a coragem)*

Haverá razão para tanto susto? Não seria melhor abrir o jogo?

([10]) Evélpides procede como se batesse à porta de uma residência, onde esperasse ser atendido por um criado: cf., *e.g., Nu.* 132, *Ra.* 37.

SERVO *(já refeito)*

Já vão ver como elas vos cantam!

EVÉLPIDES

Mas nós não somos homens!

SERVO

Então são o quê?

EVÉLPIDES

Eu sou um cagu...estruz, uma ave da Líbia([11]). 65

SERVO

Só dizes disparates!

EVÉLPIDES

Pois então, tira-me a prova... pelas pernas abaixo([12])!

SERVO

E este aqui, que pássaro é? *(a Pistetero)* Dizes ou não dizes?

([11]) Ὑποδεδιώς, que significa «cagarolas, medroso», é também o nome de uma ave de remotas paragens, como convém para identificar um Evélpides, que nada possui que o aparente com uma ave conhecida. D'A. W. Thompson *(Glossary of Greek birds,* Hildesheim, ²1936, pp. 294 sqq.) identifica-a, sob reservas, com a avestruz, seguindo uma glossa de *Suda:* Λίβυσσα ὄρνις, ἡ στρουτοκάμηλος. O nome que a define tem, em comum com outras designações de aves estranhas à fauna grega, a inicial ὑπ-, e integra-se assim num conjunto de vocábulos que Thompson aparenta com a língua egípcia.

([12]) Tornou-se um lugar-comum na comédia grega a exploração do efeito do medo sobre os intestinos: *Eq.* 1057, *V.* 627, *Ra.* 308, 479-490.

PISTETERO

Eu sou um merdanço, uma ave do Fásis([13]).

EVÉLPIDES

Bom, e tu? Que raio de bicharoco és tu, c'os demónios?

SERVO

70   Eu sou um pássaro-escravo.

EVÉLPIDES

Foste vencido por um galo, não?

SERVO

Nada disso! Quando o meu patrão se tornou poupa, mandou-me transformar num pássaro, para ter um companheiro e um criado.

EVÉLPIDES

Quer isso dizer que uma ave também precisa de um criado?

SERVO

75   Pelo menos o meu patrão precisa. Talvez por ter sido homem noutros tempos, julgo eu. Apetece-lhe comer umas anchovas do Falero([14]); eu agarro na escudela e vou numa corrida às anchovas. Dá--lhe um desejo de puré de legumes; é preciso uma colher e uma panela. Aí vou eu numa corrida arranjar uma colher.

([13]) As aves do Fásis, uma região próxima do Mar Negro, eram os denominados faisões, de que os Atenienses ricos gostavam de fazer criação: cf. *Nu.* 109.

([14]) As anchovas do Falero, apanhadas na costa leste da Ática, figuravam entre os petiscos mais apreciados da gastronomia ateniense: cf. *Ach.* 901, *Eq.* 644 sqq., Ar. fr. 521 K.

EVÉLPIDES *(à parte)*

Uma «corriça» é o que o tipo é! *(ao pássaro-servo)* Olha, sabes 80
que mais, ó corriça? Chama-me lá o teu patrão!

SERVO

Caramba! Nem há cinco minutos que ele ferrou no sono, depois de se ter regalado com uns mirtos e uns mosqquitos.

EVÉLPIDES

Não faz mal. Vai lá acordá-lo.

SERVO

Tenho a certeza de que vai ficar fulo, mas eu chamo-o para vos fazer a vontade. *(reentra na sarça.)*

PISTETERO

Um raio que te parta! Pregaste-me um susto de morrer! 85

EVÉLPIDES

Ora bolas! Até o meu gaio se pôs a bulir com o susto!

PISTETERO

Ah seu pedaço de asno! Tal foi o cagaço que deixaste fugir o gaio?!

EVÉLPIDES

Olha lá, e tu, não caíste para o lado e largaste a gralha?

PISTETERO

Qual quê? Ora essa! 90

EVÉLPIDES

Então onde é que ela está?

PISTETERO

Foi-se.

EVÉLPIDES

Sem tu a teres largado?! Ora, ora, meu menino, que valentão me saíste!

POUPA *(do interior da sarça)*

Abre lá... o matagal, para eu sair.

EVÉLPIDES

Raios! Que bicho é este agora? Uma plumagem assim?! E uma crista de três penas?

POUPA

95 Quem está aqui à minha procura?

EVÉLPIDES

Deves ter a corte celeste contra ti([15])!

POUPA

Vocês estão-se a rir da minha plumagem? É que dantes eu era homem, estrangeiros.

([15]) Mencionar a intervenção dos doze deuses era significativo de acontecimentos extraordinários, felizes ou infelizes (cf. *Eq.* 235). Este grupo compunha-se das principais divindades do Olimpo, que, com pequenas variações, incluía geralmente Zeus, Hera, Posídon, Deméter, Atena, Apolo, Ártemis, Afrodite, Hermes, Ares, Hefesto e Dioniso. A estes doze deuses era dedicado um altar na ágora de Atenas (Th. 6. 54. 6 sqq.).

EVÉLPIDES

Não é de ti que nos estamos a rir.

POUPA

Então de que é?

EVÉLPIDES

É ao teu bico que achamos graça.

POUPA

Pois aqui tens o triste estado a que Sófocles me reduziu nas suas 100
tragédias([16]), a mim, Tereu.

EVÉLPIDES

Tereu? Tu és Tereu? És ave ou... pavão armado([17])?

POUPA

Sou ave.

EVÉLPIDES

E as tuas penas, onde estão?

([16]) Para além da metamorfose de Tereu em poupa, a que faz referência o fr. 581 Radt de Sófocles, o rei da Trácia era, na tragédia que o dramaturgo lhe dedicou, um guerreiro selvagem (cf. fr. 581. 3 R), por cuja natureza bárbara, a esposa, uma princesa ateniense, nutria o maior desprezo (frs. 583. 9, 584, 587 R). Por fim, a hora da vingança chegara para ela, quando, sem o saber, Tereu se banqueteou com a carne dos próprios filhos. De todo este sumário se depreende a razão que assiste à poupa de sentir ter sido duramente tratada por Sófocles.

([17]) Em vez da pergunta «és ave ou és homem?», Evélpides, influenciado pelo aspecto plumoso de Tereu, substitui-a por outra: «és ave ou és... pavão?»

POUPA

Caíram-me.

EVÉLPIDES

Como? De doença?

POUPA

105   Não. É que, no Inverno, as aves todas perdem as penas. Mas depois crescem-nos outras. E vocês os dois? Quem são vocês? Digam lá.

EVÉLPIDES

Nós? Somos mortais.

POUPA

Qual é a vossa terra?

EVÉLPIDES

A das belas trirremes.

POUPA

São heliastas?

EVÉLPIDES

110   Não, pelo contrário, somos anti-heliastas([18]).

([18]) A pergunta pressupõe que fosse natural todo o ateniense ser heliasta. Sobre a obsessão dos Atenienses por litígios, cf. *supra* nota 8. No entanto, os nossos heróis pertencem a uma cepa nova, para a qual Aristófanes cria também um qualificativo novo, ἀπηλιασταί «anti-heliastas». Dessa mesma cepa se poderão encontrar outros exemplares entre a população rural, a quem o comediógrafo sempre reconheceu maior clarividência e sensatez.

POUPA

Isso é semente nova, que agora se semeia lá por baixo?

EVÉLPIDES

Vais encontrar alguma, se procurares pelos campos.

POUPA

E qual é o assunto que vos traz a estas paragens?

EVÉLPIDES

Precisamos de ter uma conversa contigo.

POUPA

Sobre quê?

EVÉLPIDES

Antes de mais nada, porque já foste homem como nós, noutros tempos, devias dinheiro como nós e não gostavas de pagar como nós; 115
depois viraste ave e deste, a voar, a volta à terra e ao mar. Logo conheces tudo que homens e aves conhecem. Foi por isso que viemos 120
suplicar-te se podes indicar-nos uma cidade feita de boa lã, onde nos possamos estender como numa manta bem fofinha.

POUPA

Bem, é então uma cidade maior que a dos filhos de Crânao([19]) que procuras?

Sobre o neologismo ἀπηλιασταί e suas implicações, cf. A. C. Ramalho, *Dipla onomata no estilo de Aristófanes,* Coimbra, 1952, p. 86.

([19]) Crânao pertencia ao número dos reis míticos de Atenas (cf. A. *Eu.* 1011); o seu nome ligava-se à ideia expressa pelo adjectivo χραναός (cf. Liddell-Scott, *s. v.)* de «rochoso», aplicado também por Aristófanes à cidade de Atenas, χρανaὰ πόλις *(Ach.* 75, *Lys.* 481). Κραναοί, com o valor de «Atenienses», aparece em Hdt. 8.44.2.

EVÉLPIDES

Maior não, mais a nosso gosto.

POUPA

125 E preferes uma sociedade aristocrática, já estou a ver.

EVÉLPIDES

Eu? Deus me livre! Até já o filho do Escélio me dá vómitos[20].

POUPA

Então que tipo de cidade é que vocês achavam ideal para viver?

EVÉLPIDES

Uma em que as chatices maiores fossem deste calibre, por exem-
130 plo: bate-me à porta, logo de manhã, um amigo que me diz: «Anda, aparece lá em casa, tu e a filharada, todos de ponto em branco e cedinho. Vou dar uma festa de casamento. Não faltes, ou então não apareças na minha frente quando eu estiver na mó de baixo»[21].

---

[20] Da aversão que os dois visitantes manifestam pela vida de Atenas, Tereu depreende que aspirem a viver dentro de outro modelo político. Por isso lhes sugere um regime aristocrático, a que Evélpides, porém, reage violentamente. «Se até já o filho de Escélio lhe causa vómitos» só por se chamar Aristócrates! Além de a menção do nome convir ao contexto, proporciona uma alusão a um ateniense distinto, principalmente como general. Tucídides (5. 19. 2, 5. 24. I) menciona-o entre os negociadores da paz de Nícias, em 421, e, depois de sucessivas referências à sua actividade militar, reencontramo-lo entre os 400 oligarcas que se apoderaram do governo de Atenas, em 411; em breve, porém, desiludido com esta tentativa política, o próprio Aristócrates se empenha no seu derrube (Th. 8. 92. 2 sqq.; Arist. *Ath. Pol.* 33. 2). A carreira de general que exerceu com brilho, nos últimos anos da Guerra do Peloponeso (cf. Ar. fr. 591. 70-71 K; X. *Hell.* 1. 4. 21, 1. 5. 16), iria terminar com o seu julgamento e condenação após a batalha das Arginusas (X. *Hell.* 1.7.2, 1.7.34). Platão *(Grg.* 472a-b) regista ainda uma vitória alcançada por Aristócrates na qualidade de corego.

[21] Em *Lys.* 1065-1067 é feito um convite praticamente nos mesmos termos: recomendações de que se venha cedo, de banho tomado, e acompanhado da família.

POUPA *(com ironia)*

Ora toma! Tens o que se chama um fraquinho pela desgraça! *(a   135
Pistetero)* E tu?

PISTETERO

Os meus gostos são parecidos.

POUPA

Que gostos?

PISTETERO

Olha, por exemplo: que o pai de um mocetão bem parecido viesse ter comigo, com ar de vítima, e me fizesse censuras deste género: «Pois muito bem, seu pimpão! Com que então dás de caras com o meu   140
filho a sair do ginásio, fresqquinho do banho, e nem lhe dás um beijo, nem uma palavra, nem um abraço, nem lhe apalpas os bagos, logo tu, um amigo da família!»([22])

Apesar da sua banalidade, o convite surge integrado num contexto de sonho, como é o de um mundo de rosas que a imaginação de Evélpides cria: só aí, é nas horas *boas* que se conhecem os bons amigos. A filosofia comum de que os falsos amigos rodeiam os felizes e abandonam os desgraçados é referida em *Pluto* (vv. 783, 834-837).

([22]) Só num mundo de fantasia, um pai, em vez da habitual vigilância e protecção que todo o ateniense exerce junto de um filho jovem na pessoa do pedagogo (cf. Pl. *Smp.* 183c), poderia censurar um conquistador por não se deixar seduzir pelos encantos do seu rapaz. A interpretação e consequente tradução do vocativo στιλβωνίδη (v. 139) oferece, no entanto, algumas dificuldades. M. A. Desrousseaux («Notes critiques sur les *Oiseaux* d'Aristophane», *RPh* 27, 1953, p. 8) recorda as três interpretações sugeridas pelos escólios: 1. como qualificativo, «brilhante, airoso», da juventude e da frescura do banho; 2. como nome próprio, referido a um indivíduo não identificado (sobre a contextura do nome, cf., *e.g.*, Estratónides, Filónides, Mirónides); 3. ou, ainda, o sufixo patronímico -ίδης, junto a um hipotético nome Estílbon, significaria «da raça de Estílbon», sentido aliás obscuro. A leitura preferível é, na opção dos melhores editores da peça, a primeira. Optei, na tradução, pelo qualificativo de «pimpão», por me parecer sugestivo do entusiasmo e frescura da juventude.

POUPA

Oh, coitado! Por desgraças dessas dás tu o cavaquinho! *(depois de um momento de reflexão)* Pois bem, há uma cidade feliz, como essa
145 que vocês dizem, lá para as margens do Mar Vermelho([23]).

EVÉLPIDES

Por amor de Deus! Cidades à beira-mar, não! Fatalmente um belo dia lá irá aproar a *Salamínia,* com um oficial de diligências a bordo([24]). Vejamos as cidades helénicas... Há alguma que nos possas propor?

POUPA

150 E se vocês fossem viver para a Lepreia([25]), na Élide?

([23]) Cf. *Eq.* 1088. Esta designação correspondia, no tempo de Aristófanes, ao Oceano Índico (cf. Hdt. I. 202. 4). Dada a sua localização remota e desconhecida, o Mar Vermelho sugeria, na imaginação helénica, uma paisagem de utopia.

([24]) *Salamínia* e *Páralo* (cf. v. 1204) eram os nomes de duas trirremes da armada ateniense, que, além de serem consideradas sagradas, desempenhavam funções especiais de transporte de passageiros ou de mensagens por incumbência do Estado, para além de serviços bélicos. Vide B. Jordan, *The Athenian navy in the classical period,* Berkeley, 1975, pp. 153-183. Para o desempenho dessas missões, estas naus tinham condições de grande rapidez e uma tripulação especialmente treinada.

Falar de uma viagem da *Salamínia* com um oficial de diligências a bordo recordava aos Atenienses um mandato de captura, enviado desta forma a Alcibíades, à Sicília, quando este político foi acusado de violar os mistérios e mutilar os Hermes (Th. 6. 53. 1,6.61.4); cf. II Argumento 44 sqq. e vv. 363, 638-640. Sobre as alusões a Alcibíades no teatro aristofânico, cf. J. F. Talbot, «Aristophanes and Alcibiades», *Cl. Bull.* 39, 1963, pp. 65-68.

([25]) Λέπρεον era o nome de uma cidade situada entre a Élide e a Messénia, cujo nome estava bem presente no espírito dos Atenienses no decurso da Guerra do Peloponeso: ao longo do conflito, o seu controlo passou, sucessivamente, da Élide para Esparta e de novo para a Élide (cf. Th. 5. 31. 1-5, 5. 34. I; X. *Hell.* 3.2. 25). Mas não é pelas implicações históricas que Aristófanes neste momento relembra o nome da cidade de Lépreon. Antes a designação por que era conhecida – que parece resultar do flagelo de uma epidemia de lepra que dizimou os primeiros habitantes desta região *(cf.* Paus. 5. 5) – permitia um gracejo dirigido a Melântio, que o comediógrafo pretendia explorar.

Na tradução, optei por uma adaptação livre do nome da cidade, ao mesmo tempo mais sugestiva da designação da doença.

EVÉLPIDES

Poça, nem pensar! Pela boa razão de que, mesmo sem a ter visto, detesto essa Lepreia, por causa do Melântio([26]).

POUPA

Bem, também há, na Lócrida, os Opúncios. Ora aí está um bom sítio para viver!

EVÉLPIDES

Opúncio não queria eu ser, nem que me pagassem([27]). E aqui, no reino da passarada, que tipo de vida se leva? Tu é que sabes bem como é. 155

POUPA

Não é desagradável, com a continuação. Primeiro que tudo, é preciso pôr de lado as bolsas.

([26]) Melântio é neste contexto atingido pelo aspecto repelente que uma doença de pele lhe conferia (cf. Call. Com. fr. 11K). Para além de uma série de referências à voracidade que o distinguia (Pax 812-817; Archipp. fr. 28 K; Pherecr. fr. 139 K; Eup. fr. 41 K), à lisonja que fazia dele um adulador (Eup. fr. 164 K), a comédia alude frequentemente a esta personagem em parceria com seu irmão Mórsimo, com quem trabalhou em colaboração na cena trágica. Filhos de Fílocles, também ele poeta dramático, os dois irmãos descendiam da família de Ésqquilo, de quem, no entanto, a julgar pelas críticas da comédia, não tinham herdado o talento. O insucesso que havia já marcado a carreira do pai, persegue igualmente Mórsimo e Melântio. Em Pax 801--817, Aristófanes, por entre uma torrente de insultos, recorda a dificuldade com que obtiveram um coro trágico, para deixarem nos ouvidos do público a lembrança do timbre agressivo de uma voz de falsete. Também em Pax 1009-1014, o comediógrafo recorda a apresentação de Medeia de Mórsimo, em que Melântio se havia encarregado do papel de Jasão. Desse herói havia ele entoado – espectáculo tristemente inesqquecível! – as monódias, em tom doloroso e estridente.

([27]) Mais uma vez, a hipótese que Tereu propõe não tem qualquer outro fundamento senão o de proporcionar um gracejo sobre um contemporâneo com este nome, que era zarolho (cf. v. 1294); à sua voracidade e impudência parecia convir a alcunha de «corvo». O nariz adunco que o desfeava foi também pretexto para alusões cómicas: Eup. fr. 260 K; Call. Com. fr. 33 K. Por fim, a completar a imagem de Opúncio, o escoliasta acusa-o de sicofantia, para o que não há qualquer outro testemunho abonatório.

EVÉLPIDES

De quantas vigarices não estão vocês livres!

POUPA

160 É de sésamo branco, mirto, papoilas, hortelã, apanhados nos jardins, que nos alimentamos.

EVÉLPIDES

Uma perfeita lua-de-mel([28])!

PISTETERO *(em atitude inspirada)*

Alto! Entrevejo, para a raça das aves, um futuro brilhante e um grande poder, que se pode concretizar se vocês se deixarem guiar por mim.

POUPA

Guiar por ti, como?

PISTETERO

165 Guiar como? Para já, não andem por aí a voejar de bico aberto. É uma atitude sem dignidade. É por isso que, lá em baixo na nossa terra, quando se pergunta sobre um daqueles pássaros de arribação: «Quem é este pássaro?», o Téleas([29]) responde: «Um passarão instável,
170 voador, inconstante, que nunca pára em lado nenhum.»

([28]) A cerimónia do casamento compreendia um banquete, onde as plantas referidas, dada a ligação que as unia com a ideia de fertilidade, tinham uma presença simbólica. Coroados de mirto e hortelã, plantas dedicadas a Afrodite (Ov. *Fast.* 4.869), os noivos comiam um bolo confeccionado com grãos de sésamo *(schol. Pax* 869), que os tornassem fecundos.

([29]) A versão seguida é a de Coulon, *Les Oiseaux* (de acordo com a versão manuscrita mais antiga da peça), que, no entanto, suscita algumas dificuldades de interpretação. Trata-se de comparar depreciativamente com aves «os pássaros de

POUPA

Caramba! Tens razão nas tuas censuras. Mas então o que havemos de fazer?

PISTETERO

Tratem de fundar uma cidade.

POUPA

E que cidade havemos nós, as aves, de fundar?

PISTETERO

Essa é boa! Que disparate de pergunta! Olha lá para baixo.   175

POUPA

Pronto! Estou a olhar.

PISTETERO

E agora, olha para cima.

POUPA

Estou a olhar.

---

arribação» que esvoaçam, de bico aberto, por Atenas. Mas à pergunta «que pássaro é este?», é Téleas que responde, fazendo a caracterização do homem-pássaro, inconstante, instável, voador. Como essa definição corresponde à do próprio Téleas, que faz portanto o seu auto-retrato, deparamo-nos com uma leitura que não deixa de ser susceptível de uma certa estranheza. Esta personagem é várias vezes motivo de referência paródica nos textos cómicos: como glutão, em *Pax* 1008, e como um político incerto, nova-vaga, vicioso, em Pl. Com. fr. 161 K, Phryn. Com. fr. 20 K. O contexto em que o vemos citado, sobretudo no fragmento de Frínico, juntamente com outros políticos, parece impor a recusa à solução adiantada por M. A. Desrousseaux («Notes critiques sur les *Oiseaux* d' Aristophane», *RPh* 27, 1953, p. 8), que identifica Téleas com um conhecido adivinho, com manifesta vantagem para a interpretação do texto. Outra leitura foi recentemente proposta por A. H. Sommerstein *(Birds,* Wiltshire, 1987, p. 34).

PISTETERO

Roda a cabeça à tua volta.

POUPA

C'um raio! Arranjo-a bonita, se dou um torcegão ao pescoço.

PISTETERO

Viste alguma coisa?

POUPA

Vi. Nuvens e céu.

PISTETERO

E então? Não é essa a «orbe» das aves?

POUPA

180   «Orbe»? Que é isso, «orbe»?

PISTETERO

Digamos, o universo delas. Só que, como gira e tudo cá vem parar, é conhecido hoje em dia por «orbe». Colonizem-na, fortifiquem-na com muralhas, e de «orbe» vai passar a chamar-se «urbe» ([30]). De tal
185   forma que vocês vão andar em cima dos homens como de gafanhotos. E quanto aos deuses, vão dar cabo deles à fome, uma fome de fa...mélios ([31]).

([30]) O texto cria um jogo de palavras difícil de reproduzir, com πόλος «esfera, universo», πολέομαι «girar, revolver» e πόλις «cidade».

([31]) Tucídides (5. 84-116) narra o cerco da ilha de Melos pelos Atenienses, no ano de 416 a. C. Obrigados pela fome a renderem-se, os sitiados entregaram-se a um negro destino: a morte para os homens adultos, a venda para mulheres e crianças. Assim Atenas eliminava um povo que pretendia manter a neutralidade na guerra do Peloponeso e descobria mais uma vez indisfarçáveis tendências imperialistas.

POUPA

Como?

PISTETERO

Entre eles e a terra existe o ar, é claro. Nós, se queremos ir a Delfos, temos de pedir livre-trânsito à Beócia(^{32}), não é? Pois bem, assim também, quando os homens sacrificarem às divindades, se os deuses vos não pagarem um tributo(^{33}), vocês não vão dar passagem ao fumo das coxas, através de uma cidade e de um território que não são deles. 190

POUPA

Bravo! Muito bem! Não, juro pela terra, pelas armadilhas, pelas ratoeiras, pelas redes(^{34}), que nunca ouvi projecto mais engenhoso. Não há dúvida, vou fundar contigo essa cidade, se as outras aves estiverem de acordo. 195

PISTETERO

E quem é que lhes poderá expor a questão?

POUPA

Tu mesmo. Porque, apesar de antes só algaraviarem, eu ensinei-lhes a falar como gente, uma vez que já vivo com elas há uma data de tempo. 200

(^{32}) Em consequência das hostilidades, qualquer Ateniense que pretendesse dirigir-se, por terra, a Delfos, necessitava de uma autorização dos Beócios para atravessar o seu território, autorização que não era geralmente negada aos peregrinos (cf. Th. 5. 26. 3, 5. 32. 4).

(^{33}) É interessante recordar com Sommerstein (*op. cit.,* p. 211) que a exigência do tributo estava dentro do espírito imperialista de Atenas.

(^{34}) Numa época em que os deuses tradicionais eram, a cada passo, contestados (e eventualmente substituídos, cf. *Nu.* 627), também a Poupa invoca, para a jura que faz, realidades do mundo das aves. O ritmo e o vocabulário da frase recordam um passo de Demóstenes, em plena assembleia (Plu. *Dem.* 9. 4), que foi igualmente motivo de paródia (Antiph. fr. 296 K; Timocl. fr. 38 K). Talvez a coincidência da jura, a quase um século de distância, sugira uma fonte de inspiração comum e vulgarizada no século V.

PISTETERO

E tens maneira de as convocares?

POUPA

É fácil. Vou entrar aqui na mata, sem demora, e acordar o meu
205　querido rouxinol, para chamarmos as outras. Que elas, mal que
ouçam o som da nossa voz, vêm a correr.

PISTETERO

Ó passarinho do meu coração, não fiques aí especado! Por favor,
corre, depressa, entra na mata e acorda o rouxinol. *(Tereu desaparece
no interior da cena e daí canta* [35]).

POUPA

210　Vamos, companheira, desperta do sono e dá o tom aos hinos
sagrados. É com eles que a tua voz divina lamenta o meu e teu filho,
o tão chorado Ítis ([36]). Quando ressoam, em vibrantes melodias, os teus
215　gorjeios ([37]), puro, o som, por entre a folhagem do esmílace, sobe até à

---

[35] Do ponto de vista cénico, precisa de uma justificação a saída da Poupa para entoar um canto fora da vista do público, com o prejuízo que a distância traria à clareza e efeito dramático da cena. Talvez Russo *(Aristofane autore di teatro,* Florença, 1962, p. 245) tenha razão ao aventar a hipótese de que tivesse havido necessidade de recorrer a um cantor especialmente treinado para o efeito, e distinto do actor que encarnava Tereu na peça.

Do ponto de vista estilístico e métrico, este canto desenvolve-se num esqquema vulgar em hinos e invocações, em que história, hábitos e feitos de um deus são sucessivamente recordados (cf. E. Fraenkel, «Some notes on the Hoopoe's song», *Eranos* 48, 1950, pp. 75-84).

[36] Cf. *supra* nota 4.

[37] Não passou despercebida, aos comentadores da peça, a semelhança que existe entre estes versos e Eurípides, *Hel.* 1111-1113. Impossível, no entanto, é considerar o passo cómico mais uma caricatura deste momento da lírica euripidiana, dado que a tragédia *Helena* só foi apresentada dois anos passados sobre a data de *As Aves*. Porque me não parece muito natural aceitar que fosse Eurípides a imitar Aristófanes (como sugere Sommerstein, *op. cit.,* p. 212), prefiro, com Van Leeuwen *(Aristophanis Aves,* Leiden, reimpr.² 1968, p. 40), admitir a existência de qualquer poema, para nós perdido, de um terceiro poeta, que tanto Aristófanes como Eurípides tivessem imitado.

morada de Zeus. Lá escuta-os Febo de cabelos de ouro, que aos tons dolorosos da tua voz responde tangendo a lira com incrustações de marfim. Um coro de deuses se constitui; e das bocas dos imortais ergue-se, a compasso com o teu, o clamor divino dos bem-aventurados. 220

PISTETERO

Zeus soberano, que voz tem esta avezinha! Enche da doçura do mel o bosqque inteiro([38]).

PISTETERO

Ei! 225

EVÉLPIDES

Que é?

PISTETERO

Cala o bico!

EVÉLPIDES

Ora essa! Porquê?

PISTETERO

A poupa prepara-se para cantar outra vez.

POUPA

Popopoi, popoi, popopoi, popo, ió, ió, ito, ito! Aqui, venham aqui, companheiros da raça alada! Venham todos vocês, que bicam os 230 campos bem semeados dos lavradores, raças mil de devoradores de sementes, de papadores de grão, céleres no voo, suaves nos trinados.

([38]) Sobre a tradição e vulgaridade da aplicação da metáfora do mel à doçura do canto na poesia grega, cf. J. Taillardat, *Les images d'Aristophane*, Paris, 1965, pp. 431-433.

Vocês também, quantos nos sulcos, em torno das glebas, costumam
galrear assim, num tom vivo e alegre: tio, tio, tio!; e aqueles que, nos
jardins, encontram alimento nos ramos da hera; os das montanhas, os
papa-oleastros e os traga-medronheiros, acorrem em voo ao som da
minha voz, trio, trio, tobobrix! Todos quantos, nos vales pantanosos,
caçam mosqquitos de tromba aguçada; vocês que habitam nas regiões
húmidas e nos belos prados de Maratona; tu, ave de asas matizadas,
francolim, francolim, e as espécies que sobrevoam a vaga alterosa do
mar, lado a lado com as alcíones[39], venham cá ouvir a boa nova. Para
aqui convocamos todas as raças de aves de pescoço comprido. Porque
está entre nós um velho engenhoso, perspicaz de espírito e dado a
empresas revolucionárias. Vá, venham cá todos para uma assembleia,
todos, aqui, aqui, aqui, tototorotix, quicabau, quicabau, tototorolililix!

(Ainda invisível, o Coro faz-se ouvir à distância.)

PISTETERO

Vês algum pássaro?

EVÉLPIDES

Caramba, nem um! Apesar de ficar embasbacado a olhar para o céu.

PISTETERO

Foi em vão, ao que parece, que a poupa se meteu na mata a piar, à maneira de uma tarambola.

AVE

Totorix, totorix!

([39]) Este passo sugere versos de Álcman (fr. 26 P). As alcíones eram aves com tradição mitológica. Segundo a lenda, ao nidificar à superfície marinha durante o Inverno, a alcíone tinha o condão de pacificar ventos e águas durante catorze dias, sete antes e sete depois do solstício de Inverno, por isso designados por «dias alcióneos». Cf. *infra* v. 1594; Theoc. 8. 57; Ovid. *Met.* 11.745 sqq.

Uma maior informação sobre os dados do mito é fornecida por R. Graves, *op. cit.*, pp. 163-165.

PISTETERO

Olá, meu menino! Desta vez é uma ave que lá vem(⁴⁰).

(Aproxima-se um flamingo.)

EVÉLPIDES

É mesmo, bolas! É uma ave. Qual será? Pavão não é, pois não?

PISTETERO

Aquele fulano vai-nos já dizer quem ela é. *(À Poupa que regressa.)* 270
Que pássaro é aquele ali?

POUPA

Não é um desses pássaros vulgares que vocês estão habituados a ver todos os dias, não! É uma ave lacustre(⁴¹).

EVÉLPIDES

Bolas! É lindo! De um vermelho flamejante!

(⁴⁰) As quatro aves que entram, uma por uma, com destaque especial feito pelas personagens já em cena, deverão, julgo eu, ser entendidas como elementos do coro, ainda que com um estatuto particular, uma vez que os restantes coreutas entram em bloco a partir do v. 295. Esta é também a posição de J. Carrière, «Sur la choréographie des *Oiseaux* d' Aristophane», *REA* 58, 1956, pp. 211-235.

Em cena, estas aves irão dispor-se em locais elevados e bem visíveis, ao fundo (cf., sobretudo, vv. 276, 279, 293). Van Leeuwen *(op. cit.,* p. 47) supõe que a sua caracterização aparatosa, além de merecer relevo especial, as inibiria de se movimentarem na orquestra com a agilidade necessária, juntamente com os restantes elementos do coro. Também Fraenkel *(op. cit.,* p. 83) conclui pela imobilidade destas quatro figuras, que se recusa, no entanto, a integrar como membros do coro. De pé fica igualmente a questão de saber se estas aves permaneceriam à vista do público até ao final da peça, ou se se retirariam a certa altura sem nenhuma referência à sua saída.

(⁴¹) Nunca Pistetero e Evélpides tinham visto um flamingo, que, ainda que vulgar nas costas fronteiriças da Ásia Menor e do Egipto, não faz parte da fauna helénica. O conhecimento que os Gregos tinham deste animal seria apenas a descrição indirecta dos que o tivessem visto em remotas paragens. Raras são igualmente as referências que lhe são feitas na literatura; além deste passo de *As Aves,* apenas Cratino lhes faz também alusão no fr. 114 K.

POUPA

Aí está! Por isso é que lhe chamam flamingo.

EVÉLPIDES *(a Pistetero)*

Ei, tu! Olha!

PISTETERO

Que gritaria é essa?

EVÉLPIDES

Lá vem outra ave, ali!

PISTETERO

275 É mesmo! Lá vem outra. E esta deve vir de terras distantes. Quem será este adivinho das Musas, esta ave invulgar, que sobe montanhas ([42])?

POUPA

O nome dela é Medo.

([42]) Encontramo-nos num momento de paródia trágica. O v. 275 reproduz palavras de Sófocles, na tragédia perdida *Tiro* (fr. 654 Radt), em que a estranheza de uma ave era tomada como sinal de mau agoiro. No contexto de *As Aves,* Pistetero salienta apenas o lado exótico desta aparição.

O v. 276 é uma adaptação de um verso de Ésqquilo nos *Edónios* (fr. 60 Radt). Dele se destaca a capacidade profética das aves (cf. vv. 593-601,716-726, 1332), o exterior insólito do animal e o seu gosto pelas alturas, uma possível alusão ao local elevado que esta ave vai ocupar em cena. Não parece de aceitar a identificação do «Medo» com qualquer ave real; será antes uma criação da fantasia, que serve um intuito decorativo da cena e cómico da linguagem, pelo gracejo que desencadeia. A possibilidade de qualquer equivalência deste animal com o vulgar galo – em grego designado por περσιχὸς ὄρνις – é insustentável, uma vez que o galináceo doméstico era um animal vulgaríssimo em Atenas e, por isso, bem conhecido dos nossos Pistetero e Evélpides.

EVÉLPIDES

Medo? Poça! Como é que um Medo veio a voar até aqui sem camelo(⁴³)?

PISTETERO

Lá vem outro! E este arranjou uma crista, o passarinho(⁴⁴)!

EVÉLPIDES

Mas afinal isto é fantástico! *(À Poupa)* Quer dizer que tu não és a única poupa. Aí tens outra! 280

POUPA

Aquela é filha de Fílocles(⁴⁵) e de uma poupa. Eu sou o avô dela. Qualquer coisa como Hiponico, filho de Cálias e Cálias filho de Hiponico(⁴⁶).

(⁴³) Foi a partir das guerras pérsicas, em inícios do século V, que os Gregos passaram a fazer a associação entre Persas e camelos. Heródoto regista a presença deste animal nos exércitos invasores, como transportadores de cargas (7. 83. 2) e montadas de um corpo do exército (7. 86 sqq.).

(⁴⁴) «Crista» é, ao mesmo tempo, o atributo da ave e o local elevado que ela escolheu para poisar.

(⁴⁵) Apesar das censuras que os comediógrafos sempre dirigiram às suas produções, o poeta trágico Fílocles, sobrinho de Ésqquilo, registou, pelo menos, um incontestável título de glória: o de afastar para segundo plano o brilhante rival que era Sófocles, no momento em que este competia com a sua obra-prima, *Rei Édipo*. Cratino (fr. 292 K) relembra a maneira desajeitada como Fílocles desenvolvia as intrigas; infeliz na construção dramática, nem por isso se reabilitava como poeta lírico, por impregnar os cantos que compunha de uma aspereza e severidade que lhe valeram a alcunha de «filho da salga» *(schol. Av.* 281). Este mesmo escólio identifica-o como autor da tetralogia *Pandíon,* de que fazia parte a tragédia *Tereu,* cuja realização ficaria, por certo, a boa distância, em qualidade, da peça sofocliana (cf. *supra* nota 16).

A acrimónia das melodias que criava valeu-lhe ainda a alcunha de κορυδός «cotovia» *(Av.* 1295). Bdelícleon, que com a ajuda de dois servos se encarniça contra o coro de vespas, que a custo consegue afastar da porta de casa, reconhece que a vitória lhe não seria tão certa, se o coro tivesse um pouco do azedume dos cantos de Fílocles *(V.* 461 sqq.). Numa palavra, como conclui Teleclides (fr. 14 K), o parentesco que o ligava a Ésqquilo resumia-se aos laços de sangue. Αἰσχρός é o melhor qualificativo para a sua personalidade literária (Ar. *Th.* 168).

(⁴⁶) O encadeamento de nomes regista o hábito enraizado entre os Gregos de manterem, dentro da família, a tradição dos nomes e darem, assim, ao filho o nome

EVÉLPIDES

Com que então é o Cálias, este pássaro aqui! Aquilo é que é largar penas!

PISTETERO

285   Franganote de boas famílias como ele é, não faltam intrigantes a depená-lo, sem contar com o femeaço, que também lhe dá cabo das penas.

EVÉLPIDES

Ena pá! Outro pássaro, e de cores vivas, este agora. *(À Poupa)* Como é que lhe chamam?

POUPA

Este é o papa-jantares.

EVÉLPIDES

O quê? Há outro papa-jantares além do Cleónimo([47])?

---

do avô (cf. *Nu.* 65). A exemplificação desta prática sujeita de novo à caricatura a família de Cálias, um homem que se notabilizou, na segunda metade do século V, em Atenas, pela sua enorme fortuna (cf. Lys. 19.48); vemo-lo igualmente a exercer importantes funções diplomáticas na política da época (D. 19. 273; D. S. 12.7). Seu filho Hiponico, referido por Tucídides como general (3.91.4), transmitiu ao seu descendente, um jovem Cálias, um sólido património familiar, de cujo desgaste este se encarregaria em curto período de tempo (cf. *Ra.* 428 sqq., *Ec.* 810; Lys. 19. 48).

Êupolis fez de Cálias o símbolo cómico do herdeiro esbanjador, na comédia que intitulou *Parasitas* (cf. X. *Smp.* passim). Entusiasmado com as novidades da cultura sofística, Cálias franqueou-lhe as portas da sua casa e gastou, em honorários pagos a estes mestres, somas fabulosas (Pl. *Prt.* 314 c-316 a, *Ap.* 2Oa). A fortuna que possuía e a forma como a dispendia fizeram dele um foco de atracção permanente para toda a casta de cortesãs e parasitas (Cratin. fr. 12 K). Andócides (I. 124-131) move um ataque contra a sua conhecida extravagância e luxúria.

([47]) Os gracejos contra Cleónimo tornaram-se um lugar-comum na comédia: pelo apetite desenfreado que fazia dele um homem obeso *(Ach.* 88, *Eq.* 1290-1299; Eup. fr. 454K); por demagogia *(Eq.* 956-958); perjúrio *(Nu.* 400); efeminação *(Nu.* 672

PISTETERO

Cleónimo? Qual Cleónimo! Se nem atirou fora... a crista!!! 290

EVÉLPIDES

Mas afinal, para que querem as aves as cristas? Só se for para correrem os 400 metros ([48])!

POUPA

São como os povos da Cária, meu amigo. Vivem nas cristas... dos montes, por questões de segurança ([49]).

PISTETERO

C'os demónios! Estás a ver que bando infernal de passarada lá vem!

EVÉLPIDES

Raios, que nuvem! Hi! Com as asas abertas nem deixam ver a 295
entrada ([50])!

---

sqq.); mas sobretudo pela cobardia de que dera mostras ao abandonar o escudo no campo de batalha *(Nu.* 353 sqq., *Av.* 1473-1481, *V.* 19-23, *Pax* 444-446, 670-678, 1295-1304).

([48]) O *diaulos* era a prova de corrida dos 400 metros. Havia, no entanto, uma outra modalidade paralela, praticada nos grandes jogos, em que a mesma corrida se fazia com os concorrentes revestidos de armaduras, elmo empenachado na cabeça, escudo no braço e cnémides nas pernas. Assim se recordava que as provas atléticas tinham a sua origem na preparação para o combate. Sobre a prática de tais modalidades desportivas, cf. Paus. 6. 10.4; H. A. Harris, *Sport in Greece and Rome*, London, 1972, pp. 20, 33.

([49]) Tereu não entendeu a pergunta de Evélpides: em vez de cristas, acessório das aves, fala de cristas, lugares elevados, onde as recém-chegadas preferem instalar-se. E compara-as com os Cários, povos da Ásia Menor, que, por medida de segurança, construíam fortalezas nas alturas inacessíveis das montanhas, onde podiam refugiar-se em caso de ataque.

([50]) Este é um momento de quebra da ilusão cénica, em que Evélpides chama a atenção para a multidão dos coreutas que se comprime na passagem do párodo. Sobre a disposição sucessiva dos coreutas na orquestra, cf. J. Carrière, *op. cit.*, pp. 214-217.

PISTETERO

Aquela ali é uma perdiz.

EVÉLPIDES

E aquela outra um francolim.

PISTETERO

Esta um ganso.

EVÉLPIDES

Aquela uma alcíone. E atrás dela, que pássaro é aquele?

PISTETERO

Ora essa! É um barbudo!

EVÉLPIDES

300   Então também há pássaros que têm a ver com barbudos?

PISTETERO

E o Espórgilo também não tem([51])?

POUPA

Aquela ali é uma coruja.

([51]) O cérilo é uma ave marinha, que os Gregos frequentemente comparavam ou mesmo confundiam com as alcíones (cf. Alcm. fr. 26 L.-P.). De acordo com uma versão do mito transmitida por Eliano *(NA* 7.17), quando o cérilo envelhece, a alcíone transporta-o no dorso. A Pistetero o nome da ave soa próximo do v. χείρω «barbear». Daí a sua referência a Espórgilo, um conhecido barbeiro ateniense (cf. Pl. Com. fr. 135 K). Se, mesmo falseando a identidade da ave referida no original, a substituirmos por um barbudo, nome de uma ave trepadeira de climas quentes, facilitamos a réplica do jogo etimológico do grego.

EVÉLPIDES

O quê? Ora aí está o que se chama ensinar o padre-nosso ao vigário(⁵²)!

POUPA

Uma pega, uma rola, uma calhandra, um roxinol-dos-caniços, uma hipotímide, uma pomba, um nerto, um falcão, um torcaz, um cuco, um fuselo, um pintarroxo, uma galinha-d'água, um francelho, um mergulhão, um pássaro-das-vinhas, um xofrango, um pica-pau.   305

PISTETERO

Ena pá! Que passarada!

EVÉLPIDES

Ena pá! Tantos melros!

PISTETERO

Como eles pipilam! Que correrias! É quem mais crocita!

EVÉLPIDES

Será que nos estão a ameaçar?

PISTETERO

Safa! Lá o bico aberto têm eles e estão de olho em cima de nós, de ti e de mim.

EVÉLPIDES

É! Também acho.

(⁵²) Esta é uma versão totalmente livre para traduzir a expressão: «Quem trouxe uma coruja para Atenas?». De sabor claramente proverbial, esta expressão traduz a redundância de levar para um local aquilo que nele está de todo banalizado.

CORO

310 Onde está, está, está ele, o tipo que me chamou? Onde é que vive?

POUPA *(que avança)*

Aqui estou eu, e há já uma data de tempo. Não sou daqueles que desamparam os amigos.

CORO

315 Que, que, que palavras amigas tens então para me dizer?

POUPA

Uma coisa que interessa a todos, infalível, justa, agradável, vantajosa. Dois tipos de ideias geniais vieram cá procurar-me.

CORO

Onde? Como? Que conversa é essa?

POUPA

320 Estou a dizer que, da parte dos homens, vieram cá dois fulanos já entradotes, e trouxeram com eles a semente de um projecto fabuloso.

CORO

Mas esse foi o maior erro que já vi cometer em dias da minha vida! Que história é essa?

POUPA

Não te assustes já, só com o que te estou a dizer.

CORO

Que me andaste tu a tramar?

POUPA

Acolhi dois tipos entusiastas da nossa sociedade.

CORO

E foste meter-te num sarilho desses? 325

POUPA

Fui, e estou muito feliz por me ter metido.

CORO

Se calhar até já estão entre nós?

POUPA

Tanto como eu próprio.

CORO

Ai, ai, que fomos traídos! Estamos a ser vítimas de uma profanação. O nosso amigo, que percorria, como nós, as mesmas planícies em busca 330 de sustento, quebrou os preceitos ancestrais, violou os juramentos das aves. Atraiu-me a uma emboscada e deixou-me à mercê de uma raça ímpia, que, desde que apareceu à face da terra, tem estado sempre em 335 luta comigo. *(Voltando-se para Pistetero e Evélpides.)* Mas com esse menino ajustam-se contas mais tarde. Quanto a estes dois velhos, sou de opinião de que sejam castigados e feitos em tiras por nós!

PISTETERO

Estamos perdidos!

EVÉLPIDES

A culpa deste sarilho é tua e só tua! Para que é que me arrastaste 340 também lá de baixo?

PISTETERO

Para me fazeres companhia.

EVÉLPIDES

Diz antes, para me meteres neste vale de lágrimas.

PISTETERO

Não dizes uma que se aproveite! Vale de lágrimas como, quando te tiverem arrancado os olhos fora?!

CORO

345 Ió, ió! Ao ataque! Investe contra o inimigo, numa luta de morte! Abre as asas e cerca-os de todos os lados. Quero ouvi-los gemer a ambos. Que sirvam de painço ao nosso bico! Não há montanha fron-
350 dosa, nem nuvem no céu, nem mar espumoso que os salve da minha perseguição. Não temos tempo a perder. Toca a estripá-los e a mordê--los. Onde está o comandante? Ele que faça avançar a ala direita[53].

EVÉLPIDES

Pronto! Temo-la tramada! *(Olha em volta com desespero.)* Para onde me hei-de safar? Triste sorte a minha!

PISTETERO

Eh, tu, aguenta aí!

EVÉLPIDES

355 Para eles me fazerem em pedaços?

---

[53] Multiplicam-se, nesta cena, expressões de âmbito militar. Casos semelhantes ocorrem em *Ach.* 280 sqq., *Eq.* 242 sqq.

O taxiarco era, entre os Gregos, um chefe militar, encarregado de cada uma das dez companhias, que representavam o mesmo número de tribos, nas tropas de infantaria.

PISTETERO

Tens alguma ideia para lhes escapar?

EVÉLPIDES

Não, nenhuma.

PISTETERO

Pois então, deixa que te diga uma coisa: é preciso aguentar firme, lutar, pegar... nas panelas(⁵⁴).

EVÉLPIDES

Panelas, para quê? De que nos vão servir?

PISTETERO

É a forma de a coruja nos não atacar.

EVÉLPIDES

E estes aqui, de garras curvas?

PISTETERO

Pega num espeto e planta-o no chão, na tua frente(⁵⁵). 360

(⁵⁴) O texto recorre a uma παρὰ προσδοκίαν, «pegar nas... panelas», em vez do esperado «pegar em armas». Perseguidos pelos coreutas, os dois viandantes procuram proteger-se com as panelas, que faziam parte da sua bagagem (cf. vv. 42 sqq.); criam, com essa defesa improvisada, uma situação parecida com a de Diceópolis, que se defende, em *Acarnenses,* da perseguição dos carvoeiros com o próprio cesto do carvão. Com as panelas procuram os dois heróis escapar às corujas, a ave simbólica de Atenas e da sua padroeira. Segundo o testemunho de *Suda,* existia entre os Gregos a superstição de que colocar uma panela sobre o telhado de uma casa evitava que as corujas aí pousassem: era uma forma de proteger os seus habitantes do mau agoiro, que a visão de uma coruja ou o seu piar atraíam (cf. Men. fr. 620. 11; Thphr. *Char.* 16.8).
(⁵⁵) Espetar a espada no chão era a atitude comum do guerreiro homérico, nas pausas do combate: cf. *Il.* III. 135, VI. 213.

EVÉLPIDES *(que executa a sugestão do companheiro)*

E os meus olhos?

PISTETERO

Pega, aí de dentro, num galheteiro ou numa travessa, para os protegeres.

EVÉLPIDES

És uma cachola! Plano bem engendrado este! Digno de um verdadeiro general! Não há dúvida, levas a palma ao Nícias em estratégia[56].

CORO *(em atitude de ataque)*

365 Aió! Em frente! Bicos em riste! Sem demora! Puxa! Arranca! Dá--lhe! Chega-lhe! Escaca-me essa panela, antes de mais nada!

POUPA *(que se interpõe)*

Digam-me cá uma coisa! Porque hão-de vocês, suas pestes, a vergonha dos animais, dar cabo de quem vos não fez mal nenhum, e fazer em pedaços estes dois fulanos, parentes da minha mulher e lá da terra dela?

---

[56] Nícias deixou o seu nome ligado às artes militares, onde parece ter-se destacado como hábil estratego. Só uma sólida fama neste particular justificaria que, no mesmo concurso a que *As Aves* se apresentou, Frínico o tenha também referido no *Solitário,* em palavras muito semelhantes às deste passo (cf. fr. 22 K).

De acordo com a personalidade geralmente transmitida pelos testemunhos contemporâneos, também *As Aves,* depois desta menção elogiosa às qualidades de Nícias como estratego, voltará a referir-se-lhe, no v. 639, mas para censurar as suas habituais hesitações e irreflexões. Para a insistência nos traços desta personagem no concurso de 414, R. Goossens («Autour de l'expédition de Sicile», *Antiquité Classique* 15, 1946, pp. 50-60) encontra como justificação episódios recentes, ligados com a campanha da Sicília, que Nícias, juntamente com Lâmaco, liderou, em 415. Durante essa campanha, o conhecido general exibiu uma vez mais a sua incapacidade de tirar, das vantagens reais obtidas por uma estratégia eficaz (cf. Th. 6. 64 sqq.), as consequências frutuosas para a hoste que comandava (cf. *infra,* nota 106).

CORO

E então? Achas que é de tratá-los melhor do que se fossem autênticos lobos? Será que ainda temos inimigos piores que eles para tirarmos desforra? 370

POUPA

Nem mesmo que, se, por força da natureza, são inimigos, sejam amigos pelo coração([57]) e estejam aqui para vos trazer um ensinamento útil?

CORO

Como é que tal gente nos pode trazer um ensinamento ou uma palavra útil, se eram já inimigos dos nossos avós?

POUPA

Pois olha, é com os inimigos que os sábios mais aprendem. Cautela e caldos de galinha não fazem mal ao doente. E se não é com os amigos que se aprende esta regra, pelo menos com os inimigos é--se obrigado a tê-la em conta. Também as cidades, não foi com os amigos, foi com os inimigos que aprenderam a construir grandes muralhas e a precaver-se com navios poderosos. Este é um princípio que salva a família, a casa e o património. 375 380

CORO *(mais cordato)*

Bom, podemos primeiro ouvir o que os tipos têm a dizer, acho eu. Talvez nos seja útil. Mesmo com um inimigo pode-se aprender alguma coisa que interesse.

([57]) Na oposição φύσις/νοῦς pressente-se uma reflexão de tipo sofístico, enunciada num padrão antitético de cunho retórico. A sua ocorrência num passo de Sófocles *(El.* 1023) abona da divulgação que teria na época. Cf. E. W. Handley, «Words for soul, heart and mind in Aristophanes», *RhM* 99, 1956, pp. 205-225, particularmente p. 210.

PISTETERO *(a Evélpides)*

Parece que a ira deles está a acalmar. Trata de recuar, passo a passo.

POUPA *(ao coro)*

Essa é que é a verdade. E vocês têm mais é que me estar agradecidos!

CORO

385 Aliás nunca, em circunstância alguma, nos opusemos às tuas opiniões.

PISTETERO *(a Evélpides)*

As disposições deles são agora mais pacíficas. Já podes pousar a panela. E de lança em riste, quero dizer o espeto, temos de percorrer
390 a praça de armas, de olho na panela e arredores([58]). Porque não é altura para deserções.

EVÉLPIDES

E se morrermos, onde vamos ser enterrados?

PISTETERO

395 O Ceramico lá estará à nossa espera([59]). E, para sermos enterrados por conta do estado, basta dizer aos estrategos que morremos a combater os inimigos, na Vila das Aves.

([58]) Mais tranquilo, Evélpides pousa a panela no chão, como marca dos limites que o separam do inimigo. Sobre o valor apotropaico da panela, cf. *supra,* v. 358 e nota 54.

([59]) O Ceramico era uma zona suburbana de Atenas, a noroeste da ágora, e, em parte, já situada fora das muralhas. O seu nome provinha da actividade da olaria aí fortemente implantada; tornou-se, no entanto, no maior cemitério de Atenas, onde eram sepultados, a expensas públicas, os mortos ao serviço da pátria. Para justificar essa honra, Pistetero cria um jogo com o topónimo 'Ορνέα, o seu campo próprio de

CORO

Ponham-se em linha, cada um no seu lugar. Pousem no chão a 400
coragem, ao lado da fúria, como fazem os hoplitas(60). Vamos perguntar-lhes quem são, de onde vêm e com que finalidade. Ei, Poupa, é 405
contigo que estou a falar.

POUPA

Estás a chamar-me? Que queres?

CORO

Quem são estes tipos? De onde vêm?

POUPA

São estrangeiros, e vêm da terra do saber, da Hélade.

CORO

Mas que feliz acaso os trouxe ao reino das aves? 410

POUPA

A paixão que sentem pelo teu tipo de vida, o desejo de ficarem a
viver contigo e partilharem o teu mundo. 415

---

luta. Para além do sentido de «Vila das Aves», que a aproximação com ὄρνις, sugere
'Ορνέα era o nome de uma cidade da Argólida, que, na história recente da guerra do
Peloponeso, fora ocupada por forças pró-espartanas. Segundo Tucídides (6, 7),
todavia, a recuperação desse campo inimigo não trouxe, aos cidadãos de Atenas,
derramamento de sangue, porque a cidade havia sido evacuada dos seus ocupantes
antes da invasão ateniense. O conhecimento desta circunstância histórica reforça o
gosto do gracejo, para além, naturalmente, do absurdo de serem os «dois mortos a
enterrar» os reivindicadores do seu direito à sepultura oficial no Ceramico.

(60) Informa o escoliasta de que este verso é paródia de uma ordem dada
habitualmente à infantaria, nas pausas do combate: «pousem a lança no chão junto do
escudo». Cf. J. K. Anderson, *Military theory and practice in the age of Xenophon*,
Berkeley and Los Angeles, 1970, pp. 89, 294 sqq.

CORO

Que conversa é essa? E que argumentos apresentam?

POUPA

Incríveis! Mais ainda, dignos de atenção.

CORO *(referindo-se a Pistetero)*

Mas que vantagem vê ele em viver aqui? Estará convencido, pelo
420 facto de viver comigo, de que vai dominar um inimigo ou arranjar maneira de fazer um jeito aos amigos[61]?

POUPA

Ele fala de uma felicidade sem par, inenarrável, incrível. E vai
425 demonstrar-te que o mundo é teu, aqui, ali, em toda a parte.

CORO

Será que o fulano regula bem da cabeça?

POUPA

Bem? Mais que bem! Uma maravilha!

CORO

430 E ainda tem um resto de bom-senso?

POUPA

É um tipo matreiro que nem raposa, esperto, furão, sabido, um alho.

---

[61] «Dominar os inimigos e ser útil aos amigos» era uma dupla regra de vida com tradição na cultura grega, como o demonstra a insistência com que o conceito é repetido na literatura: cf. S. *Ant.* 641-644; Pl. *R.* 332a-b; X. *Mem.* 4. 5. 10.

CORO *(decidido)*

Diz-lhe que fale, diz-lhe que fale, por favor! Ao ouvir as tuas palavras sinto-me sobre asas.

POUPA *(aos escravos)*

Vamos daí, tu e tu, peguem nesta armadura e vão pendurá-la – oxalá que em boa hora! – lá dentro na lareira, ao lado do tripé(⁶²). *(a Pistetero)* E tu, diz-lhes por que motivo os reuni, vamos, explica-lhes tudo. 435

PISTETERO

Nessa não caio eu, caramba! A menos que façam comigo um acordo, como o que o macacão do cuteleiro fez com a mulher(⁶³): que não me mordem, nem me arrastam pelos testículos, nem me furam... 440

EVÉLPIDES *(apontando-lhe para o traseiro)*

Aqui deste lado?

PISTETERO

Não, que disparate! Furam... os olhos, queria eu dizer.

(⁶²) A ordem é dada a dois escravos, personagens mudas, que recolhem as bagagens dos recém-chegados. Esses apetrechos, que serviram de armas de defesa, são, agora que o combate terminou, recolhidos e suspensos ao canto da lareira, como de costume (cf. *Ach.* 279).

(⁶³) A personagem aqui referida como «o macacão do cuteleiro» foi por alguns identificada com um contemporâneo, de nome Panécio, que Aristófanes apoda, no fr. 394 K, de «macaco» e «filho de um cozinheiro». Esta é, sem dúvida, uma identificação de certa forma contingente. A alcunha de «macaco» parece aplicar-se a alguém pouco favorecido pela beleza, como afirma o escoliasta, mas cheio de refolhos e habilidades; assim πίθηχος é usado como sinónimo expressivo de πανοῦργος (cf. *Ach.* 907, *Eq.* 887, *Ra.* 708). Cuteleiro poderá ser a profissão de Panécio ou eventualmente qualquer actividade realizada com facas, como parece competir ao «filho de um cozinheiro». Fora de dúvida é a menção subjacente a este passo dos excessos sexuais a que a mulher de Panécio pretendia submetê-lo e que deram origem ao famoso pacto.

CORO

Está combinado.

PISTETERO

Então jura!

CORO

445 Juro, mas com uma condição: que todos, júri e espectadores, me dêem a vitória por unanimidade[64]...

PISTETERO

Estamos entendidos.

CORO

E se eu faltar à palavra, que vença apenas por um voto.

POUPA

Escuta, meu povo! Que os hoplitas, sem perda de tempo, peguem
450 nas armas e regressem a casa; e estejam atentos a qualquer aviso que possamos afixar nos *placards*[65].

---

[64] Este é um dos momentos de quebra da ilusão cénica tão característicos da comédia antiga. Para além do efeito cómico que proporciona, corresponde também ao habitual pedido de aplauso. Numa mesma intervenção, o Coro assume-se como uma personagem da intriga da peça, e um concorrente no certame dramático. Como pior das hipóteses, o Coro admite uma vitória apertada, apenas por um voto de vantagem. Uma decepção esperava o poeta neste concurso, onde a sua comédia mais não arrecadou do que o segundo lugar.

[65] Agora que um pacto de tréguas se concluiu, a Poupa anuncia-o com o formulário próprio de um general que proclama aos seus homens o fim da campanha e a passagem à reserva. Qualquer ordem futura seria publicamente afixada na ágora, no monumento dos Heróis Epónimos (cf. *Pax* 1179-1184). Em número de dez, uma por cada tribo, essas estátuas recebiam, no pedestal, os avisos relativos aos membros da respectiva tribo.

CORO

Velhacaria, sempre e de toda a maneira, é coisa que o homem tem na massa do sangue. Mas enfim, tu, fala lá. Talvez apontes – quem sabe? – na minha pessoa, alguma qualidade ignorada, ou reveles qualquer potencial extraordinário que tenha escapado a este meu espírito pouco perspicaz. Aquilo que tens em vista di-lo aqui, publicamente. Porque todo o benefício que possas conseguir para mim, será um bem para a comunidade. Vamos, esse tal plano, para que aqui vieste pedir a nossa adesão, expõe-no lá, fala à vontade. Porque o pacto que fizemos, não vamos ser nós os primeiros a quebrá-lo.

PISTETERO

Pois bem, estou em pulgas por falar, caramba! Tenho um discurso já bem levedado e nada me impede de lhe dar a última amassadela. *(a um escravo)* Rapaz, traz cá a coroa([66]). Cheguem-me água para lavar as mãos. Vamos, despachem-se!

EVÉLPIDES

Que vem a ser isto? Está na hora do almoço ou quê?

PISTETERO

Que ideia! O certo é que, há já uma data de tempo, dou voltas à cabeça para arranjar que lhes diga, uma palavra bombástica, untuosa, que lhes faça o coração em pedaços. *(Dirigindo-se ao Coro)* Sinto-me tão penalizado por vossa causa! Pensar que outrora vocês eram reis...

CORO

Reis, nós? De quê?

([66]) Traziam uma coroa os oradores e magistrados (cf. *Eq.* 1227, *Ec.* 131, 148, 163), os celebrantes de banquetes *(Ach.* 551, *Ec.* 691, 844) e as vítimas nos sacrifícios *(Nu.* 256 sqq.). O acto de lavar as mãos, normal nos preliminares de uma refeição *(V.* 1216), não é prática usual de um orador antes de pronunciar o seu discurso. É, obviamente, um acto ritual de purificação, oportuno quando acontecimentos de importância se anunciam.

PISTETERO

Vocês, pois. De tudo que existe: de mim, para começar, *(aponta para Evélpides)* deste tipo aqui, até mesmo de Zeus, porque vocês são
470   mais antigos que Cronos, os Gigantes ou a Terra([67]).

CORO

Ou a Terra?

PISTETERO

Sem tirar nem pôr.

CORO

Poça! Aí está uma coisa de que eu não fazia a menor ideia.

PISTETERO

Porque és um ignorante, que anda para aí por ver andar os outros. Nem num Esopo([68]) metes o dente! Pois foi ele que explicou que a cotovia foi a primeira das aves a existir, antes mesmo da terra; entretanto, morreu-lhe o pai de doença; como a terra ainda não existia, o cadáver ficou exposto durante cinco dias([69]); sem saber o

---

([67]) A antiguidade das aves vai sendo definida por um recuo progressivo até às origens do universo. Segundo a cosmogonia tradicional, a seguir a Caos houve a Terra (cf. Hes. *Th.* 116-118). Esta, juntamente com Úrano, gerou os Gigantes e Cronos, senhor do universo e pai de Zeus *(id.* 132-210).

([68]) Da popularidade que as fábulas de Esopo, produzidas na segunda metade do século VI, então tinham em Atenas, dá prova a frequência com que são citadas na comédia, como um manual de recurso e reflexão para os problemas do quotidiano. Cf. *infra* vv. 651-653, *V.* 1401,1446, *Pax* 129. No caso presente, a comédia devolve-nos o contexto de uma fábula, de que não existe qualquer outro testemunho da antiguidade. Sommerstein *(op. cit.,* p. 227) chama, porém, a atenção para uma fábula indiana narrada por Eliano *(NA* 16. 5), que desenvolve, aplicado à poupa, um tema bastante próximo do de Esopo, paradigmático de dedicação filial.

([69]) Entre os Gregos, os rituais devidos a um morto decorriam durante um dia após a morte, limite de tempo em que o cadáver estava exposto, antes do funeral (cf. Antiph. 6. 34; Lys. 12. 18). Cf. D. Kurtz e J. Boardman, *Greek burial customs,* London, 1971, pp. 142-146.

que fazer, a cotovia não arranjou nada melhor do que sepultar o pai   475
na própria cabeça.

EVÉLPIDES

Ora aí tens porque o pai da cotovia está agora enterrado na Cacholónia(⁷⁰).

PISTETERO

Pois bem: se as aves são anteriores à Terra e aos próprios deuses, não será justo que lhes caiba o poder por antiguidade?

EVÉLPIDES

Claro! Que dúvida! Precisas é que te cresça um bico daqui por diante. Que não é assim do pé para a mão que Zeus vai restituir o   480
ceptro a um pica-pau(⁷¹).

PISTETERO

De que não eram outrora os deuses os detentores do poder nem do trono, mas as aves, não faltam provas. E, para começar, posso citar-vos desde já o caso do galo: foi o primeiro rei e senhor dos Persas,

---

(⁷⁰) O poeta obtém um efeito cómico com a homonímia do vocábulo κεφαλή, como nome comum com o significado de «cabeça», mas também designação de um *demos* no sudoeste da Ática.

(⁷¹) Têm-se os editores da peça dado conta das dificuldades que esta fala de Evélpides suscita. Em primeiro lugar a referência individualizada ao pica-pau, como o grande rival de Zeus: se não quisermos admitir simplesmente a hipótese, aventada por alguns (Halliday, Pollard, Sommerstein), de que o texto aluda a qualquer história popular, para nós inteiramente desconhecida, podemos ponderar a sugestão de Van Leeuwen *(Aves,* p. 81), de que o δρυχολάπτης – à letra, «pica-carvalho» – seria um inimigo natural de Zeus, a quem essa árvore era consagrada *(Il.* VII. 60; Ar. *Nu.* 402).

Um segundo problema resulta da indefinição do destinatário desta ironia: ou Evélpides se refere concretamente ao parceiro, Pistetero, ou a ninguém em particular, logo, em geral, aos presentes, à audiência, como é tão vulgar nesta fase da comédia grega.

485 antes de todos esses Darios e Megabazos; é por causa desta antiga soberania que lhe chamam ave da Pérsia(⁷²).

EVÉLPIDES

Então é por isso que, ainda agora, ele caminha como o Grande Rei, e é a única das aves a usar uma tiara erguida no alto da cabeça(⁷³).

PISTETERO

Era tal a sua força, grandeza e poderio que, ainda hoje em dia, por
490 obra desse antigo prestígio, mal ele canta de madrugada, o zé-pagode salta da cama para se pôr ao trabalho, ferreiros, oleiros, curtidores, sapateiros, mergulhadores, moleiros, fabricantes de liras e escudos. Pois é, toda a malta enfia os sapatos e mete pernas ao caminho, ainda noite fechada.

EVÉLPIDES

E eu que o diga! Por culpa dele, fiquei eu sem um casaco de lã frígia, pobre de mim! Fui um dia convidado para uma festa, pelo nascimento de uma criança(⁷⁴); tinha entornado uns copitos lá na cidade, e ferrei no

---

(⁷²) «A ave da Pérsia» era o nome por que os Gregos designavam o galo (cf. vv. 707, 833-836), que, embora oriundo da Índia, lhes tinha chegado através dos Persas, no tempo das guerras Pérsicas, no início do século V a. C. Esta ave coloca-a Pistetero na dinastia persa, antes do famoso Dario I, rei da Pérsia no século anterior.

Quanto a Megabazo, não houve nunca qualquer rei, entre os Persas, com esse nome, embora esse antropónimo apareça como pertencente a figuras da nobreza persa, bem conhecidas dos Gregos (cf. Lucian. *Tim.* 22): um general do tempo de Dario, conhecido pela conquista que consumou da Trácia (cf. Hdt. 5. 1 sqq., 5. 14); um general de Xerxes (Hdt. 7. 82) e um enviado de Artaxerxes. A palavra Megabazo proporcionava, além disso, um subentendido cómico, porque o som a aproximava de μέγα βάζειν «gabar-se, dizer fanfarronadas», alusão à grandeza e aparato persas.

(⁷³) Era atributo da realeza persa o uso da tiara no alto da cabeça, a κυρβασία (X. *An.* 2. 5. 23). De onde o orador cómico infere o paralelo com a crista do galo, λόφος também ela erguida, enquanto a galinha, por exemplo, a tem descaída.

(⁷⁴) Evélpides recorda a sua própria desventura, num dia em que se deslocava da sua terra, Halimunte, para assistir a uma festa pelo nascimento de uma criança. Esta reunião, que congregava parentes e amigos, era oferecida pelo pai dez dias após o nascimento da criança, para a apresentar e anunciar o nome que lhe seria dado (cf. Is. 3. 30; D. 39. 22).

sono. Vai senão quando, antes mesmo de os outros convivas irem para 495
a mesa, o galo cantou. Eu pensei que já era de manhã e pus-me a
caminho para Halimunte(75). Ainda mal tinha posto o nariz fora das
muralhas, e um gatuno manda-me uma paulada nas costas. Eu caio,
quero gritar por socorro, mas já o tipo me tinha bifado o casaco.

PISTETERO *(que desconhece a intervenção do parceiro)*

E tem mais: nesse tempo era o milhafre que detinha o poder e
reinava sobre os Gregos.

CORO

Sobre os Gregos? 500

PISTETERO

Ora pois! De resto, foi ele que lhes ensinou, na qualidade de rei,
a prostrarem-se no chão diante dos milhafres(76).

EVÉLPIDES

Ah pois, caramba! Também eu, um dia, ao ver um milhafre, me
espojei no chão. Mas quando estava de costas, de boca aberta, engoli
um óbolo. E voltei para casa de saco vazio(77).

Evélpides chegou cedo à cidade e foi bebendo uns copos para entreter o tempo. De forma que, ensonado pelo efeito do vinho, quando o galo cantou ao crepúsculo, antes mesmo do início do festim, supôs que era já madrugada, que a festa se encontrava no fim e era já tempo de regressar a casa. Assim se expôs a um assaltante nocturno, que o despojou de um precioso agasalho de lã da Frígia. Dia aziago esse, em que o nosso herói perdeu sucessivamente um bom jantar e um casaco.

(75) Halimunte, a terra de Evélpides, era um subúrbio de Atenas, próximo da costa, na zona de Falero.

(76) Se era já surpreendente que o galo reinasse sobre os Persas, ainda que povo de bárbaros, mais estranho ainda é que o milhafre reinasse sobre os próprios Gregos. No entanto, Pistetero invoca como argumento o hábito que os Gregos tinham de se prostrarem diante do milhafre, ave que, antes da própria andorinha, era para eles anúncio da chegada próxima da Primavera (vv. 713-715).

(77) De novo as palavras de Pistetero recordam a Evélpides um episódio da sua vida: o dia em que, quando se dirigia ao mercado para fazer compras, viu um milhafre

PISTETERO

505 No Egipto e em toda a Fenícia, reinava o cuco. E quando o cuco cantava «CUCU», os Fenícios todos iam para o campo colher o trigo e a cevada.

EVÉLPIDES

Ah! Então é daí que vem aquele dito certeiro: «Cuco! Grãos ao rego, gente dura([78])!»

PISTETERO

E o seu poder era tal que, qualquer que fosse o soberano que governasse nas cidades da Grécia – um Agamémnon ou um Me-
510 nelau –, sobre o seu ceptro erguia-se uma ave que tinha parte nas luvinhas que ele recebia([79]).

EVÉLPIDES

Ora está uma coisa que eu não sabia. Por isso, ficava admirado de cada vez que, nas tragédias, quando aparecia um Príamo com uma

---

e se espojou no chão. Ao fazê-lo, porém, engoliu o óbolo que trazia na boca, segundo um velho hábito grego de guardar o dinheiro *(V.* 791-795, *Pax* 645, *Ec.* 818; Thphr. *Char.* 6. 9). Restou-lhe voltar para casa de mãos a abanar, sem ter podido fazer as compras que tinha em mente.

([78]) Todo o passo está recheado de segundos sentidos. As palavras χριϑάς e πεδίοις, que Pistetero utiliza num contexto agrícola, como «grãos de cevada» e «campos», usam-se metaforicamente aplicadas aos órgãos sexuais masculinos (cf. *Pax 964-967)* e femininos (cf. *Lys.* 88), respectivamente. Por seu lado, o vocativo do nome do cuco é usado também como uma interjeição exortativa: «cucu! = vamos! força!» (cf. *Ra.* 1380-1384). Finalmente φωλοί pode aplicar-se quer aos circuncisos, como era o caso dos Egípcios e dos Etíopes (cf. Hdt. 2. 104. 10 sqq.), quer à excitação sexual.

([79]) Sommerstein *(op. cit.,* p. 230) chama a atenção para o facto de ser da tradição literária e plástica a representação do soberano olímpico, Zeus, com a águia pousada sobre o ceptro (Pi. *P.*1. 8 sqq.; Paus. 5. 11. 1); mas recorda também que os vasos gregos documentam a tradição de representar, em cenas de tragédia, os reis com o mesmo tipo de ceptro (sobre a águia como um emblema real, cf. D. S. I. 87. 9; X. *Cyr.* 7. 1.4). Cf. J. Pollard, *Birds in Greek life and myth,* London, 1977, pp. 141-143.

Depois da menção dos heróis famosos da saga homérica, como factor de dignificação da linhagem das aves, o texto remata em paródia: a intimidade entre reis e aves é, afinal, uma sociedade de lucros escuros.

ave, o bicho ficava ali especado, de olho no Lisícrates, para ver as luvas que ele recebia([80]).

PISTETERO

Mas, o mais importante de tudo é que o próprio Zeus, que reina nos nossos dias, se perfila com uma águia sobre a cabeça, como   515
rei que é. A filha usa uma coruja, e Apolo, como escudeiro, um falcão([81]).

EVÉLPIDES

Não há dúvida, tens toda a razão. E porque é que trazem essas aves com eles?

PISTETERO

Para que, na altura dos sacrifícios, quando lhes põem nas mãos, como é da praxe, as vísceras das vítimas, as aves as recebam primeiro que o próprio Zeus. Tempos houve em que ninguém jurava pelos   520
deuses, juravam todos pelas aves.

([80]) O escoliasta confirma que Príamo aparecera na cena trágica munido de um ceptro com uma ave. Talvez até uma imagem como esta pudesse estar ainda viva na memória do público, se recordarmos que, no ano anterior, Eurípides fizera de Príamo uma personagem do seu *Alexandros*.
Ao transportar a cena épica descrita pelo comparsa para o tempo presente, Evélpides imagina a ave do ceptro trágico atenta a Lisícrates no anfiteatro, para ver os subornos que ele recebe. Embora desconhecido para nós, este contemporâneo devia, pelo espírito do próprio gracejo, exercer qualquer função pública que lhe permitisse auferir proventos ilícitos.

([81]) O texto documenta a prática que conheceu a arte grega arcaica e clássica de representar as divindades com uma ave sobre a cabeça ou o elmo. Da tradicional ligação de Zeus com a águia, *vide* supra, nota 79. Para além da bem conhecida ligação de Atena com a coruja, o falcão era também ave sagrada de Apolo (cf. *Od.* XV. 526; Ael. *NA* 12. 4). Este deus, na qualidade de divindade oracular, era servo e porta-voz do pai dos deuses (cf. A. *Eu.* 19), além de o mito lhe atribuir, entre os mortais, o exercício de tarefas domésticas *(Il.* XXI. 441-457; E. *Alc.* 1-9). Na qualidade de servo, tradicionalmente rapace, o falcão é o seu aliado natural. Cf. Pollard, *op. cit.,* pp. 141--144.

EVÉLPIDES

Ainda agora o Lâmpon, quando mete água, jura pelo ganso(⁸²).

PISTETERO

Era assim que dantes todos vos prestavam homenagem pela vossa grandeza e santidade, e hoje vos tratam como uns escravos, uns patetas,
525 uns Zés-ninguéns(⁸³). E atiram-vos pedras, como se faz aos malucos(⁸⁴). Mesmo nos santuários(⁸⁵), não há passarinheiro que vos não arme laçadas, ratoeiras, armadilhas, malhas, redes, ciladas, emboscadas.
530 Depois de vos apanharem, vendem-vos por junto, e os compradores vá de vos apalpar. Mais ainda, se lhes der na real gana, não se
535 limitam a servir-vos assados; temperam-vos com queijo, azeite, sílfio, vinagre; depois preparam um molho adocicado e gorduroso, e derramam-no sobre vocês em quente, nem que fossem carne estragada(⁸⁶).

CORO

540 Ah que duras, que duras são as palavras que acabas de proferir, meu amigo. Como eu lamento a negligência dos meus pais, que

---

(⁸²) Lâmpon (cf. v. 988) era um adivinho famoso, do tempo de Péricles, e, ao que parece, bem relacionado com as personalidades mais destacadas da vida do estado nessa época (cf. Arist. *Rh.* 1419 a 2-5); por isso tomou parte em missões de relevo no quotidiano ateniense (Th. 5. 19.2,5.24. 1). Tornou-se alvo dos ataques da comédia como glutão (Cratin. frs. 57, 58 K) e pedincha (Cratin. fr. 62 K; Lysipp. fr. 6 K). Aristófanes apresenta Lâmpon, por engano, a jurar pelo ganso, o que equivale, em grego, a substituir τὸν Ζῆν («por Zeus!») por τὸν χῆν᾽ («pelo ganso!»). De resto, jurar por toda uma série de animais ou coisas, em vez de invocar o nome dos deuses, tinha uma velha tradição, que Cratino recorda no fr. 231 K: «que usavam, por dá cá aquela palha, juramentos de peso: Pelo cão! Pelo ganso! Pelos deuses! – isso nem pensar!».

(⁸³) A propósito de *Ra.* 965, Stanford *(The frogs,* London, reimpr. ²1968, p. 158) define, para Manes, três sentidos: nome comum entre escravos de origem frígia; uma jogada infeliz no jogo dos dados; uma figurinha de bronze usada no jogo do cótabo. A palavra parece, portanto, marcada por um sentido de insignificância e infortúnio. Cf. ainda Liddell-Scott, s. *v.*

(⁸⁴) Cf. *V.* 1491.

(⁸⁵) Sobre a caça às aves nos recintos sagrados, recordemos as ameaças que Íon, na tragédia de Eurípides (cf. *Ion* 106-108, 154-181), lhes dirige, mesmo contra aquelas que são consagradas ao deus de Delfos.

(⁸⁶) Isto é, carne já pouco fresca ou putrefacta, que precisasse de uma dose elevada de condimento para se tornar comestível.

receberam essas honras dos antepassados e as perderam em meu prejuízo(⁸⁷). E és tu que, trazido por algum deus ou por um golpe da fortuna, aqui estás como meu salvador. Porque é só depois de te confiar o destino dos meus filhos e o meu próprio, que vou fixar residência. O que há a fazer, é a ti, uma vez que cá estás, que compete decidir. Porque a vida não faz sentido para nós, se não recuperarmos, por todos os processos, o trono que era nosso. 545

PISTETERO

Pois bem, antes de mais nada a minha sugestão é que as aves habitem uma única cidade. Além disso, que o céu inteiro, em volta, e todo este espaço intermédio seja fortificado com grandes muralhas, de tijolo, como na Babilónia(⁸⁸). 550

EVÉLPIDES

Ó Cébrion! Ó Porfírion(⁸⁹)! Que cidadela fantástica!

PISTETERO

Depois do muro construído, vamos exigir de Zeus o poder. Se ele disser que não, se não estiver de acordo, se não reconsiderar, desde logo, a sua posição, declara-se-lhe uma guerra sagra- 555

(⁸⁷) Tucídides (2. 36. 1 sqq.), no discurso fúnebre de Péricles, faz o elogio de pais e antepassados, como aqueles que receberam e acrescentaram o poderio da cidade, para o transmitirem aos vindouros. Aristófanes inverte este elogio, que possivelmente seria um lugar-comum da retórica contemporânea.

(⁸⁸) Cf. a descrição da Babilónia feita por Heródoto (1. 178-181). Devido à falta de pedra, as muralhas da Babilónia utilizaram como material o tijolo.

(⁸⁹) Cébrion e Porfírion são nomes de Titãs, que outrora travaram com os deuses do Olimpo terrível combate, antecedendo assim as hostilidades que se avizinhavam entre deuses e aves. Cébrion é referido apenas neste passo e o escólio respectivo identifica-o com um gigante derrotado por Afrodite. Apolodoro (1.6. 1) narra essa batalha de Flegra, onde Porfírion comanda os Titãs (Pi. *P.* 8. 12-18) até perecer sob as flechas de Apolo. Esforçados, os Olímpicos, com o apoio de Hércules, fizeram enfim pender para o seu lado a vitória. No entanto, esta é apenas uma versão do mito, que apresenta, nos pormenores, múltiplas variantes. Sobre a gigantomaquia, vide R. Graves, *Greek Myths*, I, Middlesex, reimpr. 1977, pp. 131-133.

da(⁹⁰), proíbem-se os deuses de andarem de cá para lá pelos vossos domínios, de rabo aceso, como dantes, quando iam por aí abaixo para se meterem com as Alcmenas, as Álopes ou as Sémeles(⁹¹). Se eles
560 aparecerem por aí, põe-se-lhes um selo na coisa, de modo que não possam fazer amor com elas. Quanto aos homens, aconselho-vos a mandarem-lhes uma outra ave, para lhes anunciar que, a partir do momento em que as aves ocupem o poder, passem de futuro a fazer--lhes sacrifícios, e só depois, em segundo lugar, aos deuses. Aliás, deve-se juntar, de acordo com as circunstâncias, a cada um dos deuses
565 a ave respectiva. Faz-se um sacrifício a Afrodite, por exemplo, ofereçam-se uns grãos ao fal... eirão(⁹²). Se se imola uma ovelha a Posídon, é ao pato que se tem de consagrar uns grãos de trigo(⁹³). Sacrifica-se a Hércules, destinem-se à gaivota uns bolos de mel(⁹⁴). Se se imola um carneiro ao deus supremo, a Zeus, como a carriça é

(⁹⁰) Isto é, uma guerra pela defesa da propriedade de um deus, neste caso as aves, na sua qualidade de divindades mais antigas que os próprios Olímpicos.

(⁹¹) Esta é uma galeria famosa de mulheres que partilharam com os deuses aventuras amorosas. Alcmena, em primeiro lugar, a virtuosa esposa de Anfitrião, que, na ausência do marido, gera de Zeus, que de Anfitrião adoptara o aspecto exterior, o valoroso Hércules. Também Sémele, princesa de Tebas, teve o condão de despertar as atenções do pai dos deuses. Ciumenta, Hera convenceu-a a solicitar do amante divino que se lhe revelasse na plenitude da sua natureza e forma. A gestação do filho que trazia no ventre, depois que a visão de Zeus a deixou fulminada, foi completada na coxa do deus, de onde nasceu Dioniso, «o filho de duas mães». Por fim, Álope, a bela filha de Cércion da Arcádia, gerou, de amores com Posídon, um filho, que procurou ocultar da severidade de seu pai. Descoberta a verdade e punida a ré, a criança foi exposta. Mais tarde, por morte de Cércion, o filho de Álope, entretanto recolhido e criado por um pastor, viria a ocupar o trono da Arcádia; sua mãe, com a morte, seria transformada, pelo violador divino, Posídon, numa fonte.

(⁹²) Como próximo de Afrodite, Aristófanes menciona o galeirão, ave pernalta de ambiente aquático (cf. Arist. *HA* 593 b 15). A escolha desta ave não parece obedecer a qualquer outro nexo senão aquele que o seu nome grego (φαληρίς) proporciona com o mundo de Afrodite (cf. φαλλός). Uma leve alteração no nome português da ave permite sugerir idêntico efeito cómico. De resto, a própria oferta, «os grãos», se presta a um equívoco semelhante (cf. *supra,* nota 78).

(⁹³) Como ave aquática que é, o pato liga-se ao deus Posídon.

(⁹⁴) Entre Hércules e a gaivota existe em comum a voracidade e a gulodice. Na comédia, vemos esta ave frequentemente associada a Cléon pela voracidade e por outra das suas facetas características, a tagarelice, os guinchos que produz: como alcunha do político, em *Nu.* 591, como seu timbre no anel que Cléon meteu no dedo do povo em *Eq.* 956. Cf. J. Taillardat, *Les images d'Aristophane,* p. 417.
Sobre a exploração cómica de Hércules, cf. *infra,* nota 320.

uma ave real, é a ela, antes mesmo de Zeus, que se tem de degolar um mosqquito com... cois...iça e tudo([95]).

EVÉLPIDES

Deliro com essa do mosqquito degolado. Que ele troveje agora, o grande Zeus([96]). 570

CORO

E como é que os homens nos vão considerar deuses, e não gaios, se voamos e temos asas?

PISTETERO

Essa é boa! Ora, c'os diabos, e Hermes, que é deus, não voa e tem asas, como aliás muitos outros deuses?! Se não, vê: a Vitória voa com 575
asas de ouro e Eros também, caramba! Mais ainda: Íris que Homero comparou a tímida pomba([97]).

([95]) A carriça usava, por vezes, entre os Gregos, o epíteto de real (cf. Arist. *HA* 615 a 19). Mas a sua associação com o deus supremo é, sobretudo, feita na base de mais uma paródia de âmbito sexual: o nome da carriça, ὀρχίλος, tem semelhança evidente com ὄρχις «testículo». A preferência pelo poder sexual recorda o Zeus depravado, eterno conquistador, de que a comédia havia feito um dos seus favoritos (Cratin. fr. 308 *K*).

([96]) O texto regista uma forma dórica do nome do deus supremo, Ζάν, que Cantarella *(Gli uccelli,* Milano, 1956, p. 107) entende como um dorismo próprio do lirismo coral e trágico, que parodia um tom de solenidade. É também de registar a achega de Coulon *(op. cit.,* p. 51), que vê nesta forma bárbara do nome de Zeus um vestígio de hostilidade e desprezo para com o deus supremo e o seu poder.

([97]) As artes plásticas vêm confirmar a tradição de representar as mesmas divindades agora referidas como aladas. Em primeiro lugar, Hermes, o mensageiro dos deuses, habitualmente representado com asas nos pés. Também a Vitória, alada em momentos inesqquecíveis da escultura grega, tinha, segundo uma tradição literária (Pi. *I.* 2. 26; D. 24. 121), asas de ouro.

Eros impôs-se na literatura e arte helénicas como uma divindade alada também. Esta tradição, que Anacreonte (fr. 34 P) já registara, é retomada por Eurípides *(Hipp.* 1270-1275), num belo canto onde se evoca o poder e a força irresistíveis do Amor. Curiosamente, um fragmento cómico atribuído a Eubulo (fr. 41 K) dá-nos conta da antiguidade da tradição desta figura, cuja profusão de representações plásticas apagou já da memória dos homens a lembrança do seu criador. Cf. ainda *infra* vv. 697, 1738.

Por fim, Íris, também ela mensageira dos deuses, e por isso alada (cf. *Il.* VIII. 398, XI. 185), é, de facto, comparada a «tímida pomba» no *H. Hom. Apol.* 114.

EVÉLPIDES *(duvidoso)*

E Zeus, não irá trovejar e fulminar-nos com o seu raio alado([98])?

CORO *(também reticente)*

Mas se, por ignorância, os homens nos consideram um zero à esqquerda, e como deuses reconhecem apenas os do Olimpo?

PISTETERO

580 Nesse caso é preciso que se forme uma nuvem de pássaros e frouvas, que lhes arrase as sementes nos campos. E depois, quando estiverem na miséria, que Deméter lhes deite contas ao grão!

EVÉLPIDES

Nessa não cai ela, bolas! Há-de arranjar mil e uma desculpas([99]). Espera e verás.

PISTETERO

Por seu lado os corvos, às juntas que trabalham nos campos e ao gado, furam-lhes os olhos, só para os tipos verem como é. Aí, Apolo, que é médico, que trate deles! É para isso que lhe pagam([100])!

EVÉLPIDES

585 Essa aí, alto lá! Pelo menos até eu vender os meus dois ricos boizinhos.

([98]) Cf. v. 1714; E. *HF* 179.

([99]) À maneira dos demagogos de Atenas, que iludiam o povo com promessas de distribuição de grão gratuito ou por preço reduzido, e que, perante a impossibilidade de as cumprirem, arranjavam as desculpas menos convincentes. À medida que, com o evoluir da guerra, a fome foi alastrando, o Estado viu-se compelido a fazer este tipo de distribuição, para acudir às graves carências do povo (cf. *Eq.* 1100-1106, *V.* 716-718).

([100]) De entre os deuses, a Apolo competia patrocinar a medicina. Pistetero insere--o até no esqquema dos médicos do Estado, que eram pagos para prestarem às populações assistência gratuita (cf. *Ach.* 1030-1032, *Pl.* 407 sqq.). O salário de Apolo, como é óbvio, é constituído pelos sacrifícios e oferendas que os homens lhe dedicam.

PISTETERO

Se, pelo contrário, te considerarem um deus – a vida, a Terra, Cronos, Posídon, por exemplo –, não lhes vão faltar vantagens.

CORO

Como, por exemplo? Cita-me só uma dessas vantagens.

PISTETERO

Olha, para já, os vinhedos não vão ser comidos pelos gafanhotos: basta um batalhão de corujas e francelhos para dar cabo deles. E tem mais: os pulgões e as vespas não lhes voltam a atacar as figueiras, porque, para acabar com eles de uma vez por todas, basta uma companhia de tordos. 590

CORO

E a fortuna, onde vamos arranjá-la para lha darmos? Que eles morrem de amores por ela!

PISTETERO

Quando consultarem as aves, elas indicam-lhes as minas que estão a dar em cheio([101]). E, através do adivinho, informam-nos dos negócios chorudos, de modo que nenhum armador vá à falência. 595

CORO

Não vai à falência, como?

([101]) Na impossibilidade de dar dinheiro aos homens, as aves podem, contudo, quando consultadas sobre a oportunidade dos grandes negócios, encaminhá-los pelas sendas da fortuna. E uma das fontes de lucro que vem, de imediato, ao espírito de Pistetero é a exploração das minas. Minas significavam, para os Atenienses, os jazigos de prata do Láurion, na Ática, que o Estado, seu proprietário, arrendava aos exploradores. Obviamente que este negócio, promissor de lucros substanciais, comportava riscos importantes, pela incapacidade de prever a rentabilidade dessas explorações e pelo investimento que exigiam. Plutarco *(Nic.* 4. 2) recorda o caso de Nícias, que consultou prudentemente os oráculos, antes de se aventurar em negócio tão vultuoso.

PISTETERO

Há-de haver sempre uma ave que previna quem a consultar sobre uma viagem: «Não te metas em viagens agora. Vai haver uma tempestade.» «Navega agora, que é dinheiro em caixa.»

EVÉLPIDES *(à parte)*

Vou arranjar um cargueiro e tornar-me armador. Já não fico aqui convosco, afinal.

PISTETERO

Os tesouros de moedas, que foram enterrados noutros tempos, as aves vão-lhes dar a pista deles. Porque elas conhecem-na. Ou não se ouve por aí toda a gente a dizer: «Tesouro que me pertença, ninguém lhe põe a vista em cima. Só se for algum passarinho.»

EVÉLPIDES *(à parte)*

Vendo o barco, arranjo uma picareta e vou desenterrar potes de moedas.

CORO

E a saúde, como é que lha vão dar, se ela está nas mãos dos deuses?

PISTETERO

Ora! Se a vida lhes corre bem, não hão-de ter boa saúde?!

EVÉLPIDES

Pelo menos, uma coisa é certa: um tipo a quem as coisas dão para o *torto,* boa saúde não *tem* com certeza([102]).

([102]) Cf. S. fr. 354 Radt.

CORO

E como é que conseguem chegar à velhice, se é no Olimpo que ela mora? A não ser que tenham de morrer no berço!

PISTETERO

Nada disso! As aves podem até dar-lhes 300 anos de vida a mais.

CORO

Onde é que os vão arranjar?

PISTETERO

Onde vão? Já os têm. Ou nunca ouviste dizer que a gralha palradora vive cinco vidas do homem([103])?

EVÉLPIDES

Poça! Mil vezes melhor as aves a governarem-nos que Zeus! 610

PISTETERO

Bem melhor, pois não é? Para já, não temos de lhes construir templos de mármore, com portas de ouro; é debaixo dos arbustos e 615
dos galhos que elas vão viver. Mesmo as mais empertigadas, essas terão o seu templo nas oliveiras([104]). E não precisamos de ir a Delfos ou a Ámon([105]) para fazer sacrifícios. Pomo-nos de pé no meio dos 620
medronheiros ou nos olivais, com oferendas de cevada e trigo, para fazermos preces e suplicarmos, de mãos erguidas, a nossa parte dos

---

([103]) Pistetero invoca o testemunho popular (cf. Plu. *Mor.* 415 c), atribuindo à existência da gralha o período de nove gerações humanas. A longevidade da gralha tornou-se proverbial na poesia *(Av.* 967; Hor. *Carm.* 3. 17. 13).

([104]) Pistetero estabelece, entre as aves, como de resto existia também entre os deuses, uma hierarquia, que o leva a propor como morada para os alados de mais categoria a oliveira, árvore sempre carregada, na perspectiva ateniense, de conotações sacras.

625 bens. E, em troca de uns poucos de grãos, veremos os nossos pedidos atendidos.

CORO

Ah, meu velho! Do mais detestado dos inimigos tornaste-te para mim no melhor dos aliados. Nunca, daqui por diante, me hei-de afastar, de livre vontade, dos teus conselhos. *(com animação)* En-
630 tusiasmado com as tuas palavras, vou fazer uma ameaça e um juramento: se te puseres do meu lado, sensato, leal e piedoso como és, e marchares contra os deuses, solidário comigo do fundo do coração,
635 os deuses não vão deter por mais tempo o ceptro que me pertence. Bom, tudo que tem de ser feito pela força, fica a nosso cargo. Tudo que precisa de ser ponderado e pensado, está nas tuas mãos.

POUPA

640 Pois muito bem! Não estamos em tempo de sorna nem de ronceirice aguda, à moda do Nícias([106]). É preciso agir e sem perda de tempo. Para já, entrem para o meu ninho, acomodem-se no meio das palhas e dos galhinhos, e digam-me o vosso nome.

PISTETERO

645 É muito fácil. Eu sou Pistetero, e ele Evélpides, da freguesia de Crioa.

([105]) O mesmo oráculo de Ámon vem citado juntamente com os mais famosos oráculos helénicos, *infra* v. 716. Ámon, o equivalente egípcio de Zeus, tinha o seu oráculo num oásis do deserto da Líbia. Através da colónia grega de Cirene, a fama desse oráculo espalhou-se em território grego (Paus. 5. 15. 11), o que atraiu para ele as atenções de figuras gradas de Atenas, no século V, como Címon (Plu. *Cim.* 18.7). Ao longo do século IV, a projecção do oráculo de Ámon conheceu ainda maior incremento (Pl. *Lg.* 738 c).

([106]) Cf. *supra*, nota 56. Μελλονιχιᾶν é uma palavra criada por Aristófanes, com o nome de Nícias, estratego conhecido pela sua incapacidade para a acção (μέλλω «estar para, preparar-se para, adiar»), e o sufixo –ιᾶν que se usa em verbos expressivos de doença. A mesma característica de Nícias é tema de paródia em *Eq.* 742 e no fr. 100 K de *Lavradores*. No entanto, a censura feita em *As Aves* referia-se a um acontecimento concreto da história recente de Atenas (cf. Th. 6. 64 sqq.), a campanha da Sicília em 415 (cf. *supra*, nota 56).
Sobre o vocabulário deste passo, cf. Taillardat, *op. cit.,* pp. 305 sqq.

POUPA

Muito prazer em conhecê-los.

PISTETERO

Obrigado.

POUPA

Entrem para aqui.

PISTETERO *(ao companheiro)*

Vamos! *(a Tereu)* Vai tu à frente.

POUPA

Por aqui. *(avançam)*

PISTETERO *(que pára de repente)*

A propósito. Chega cá outra vez. Ora bem, diz-nos lá uma coisa: como é que eu e o meu camarada vamos poder viver com vocês, que 650
são alados, se não temos asas?

POUPA

Muito bem.

PISTETERO

Lembra-te das fábulas de Esopo: lá se conta aquela da raposa e do mau bocado que passou, por ter feito, um belo dia, sociedade com a águia([107]).

___

([107]) Sobre outras referências a Esopo, cf. *supra* v. 471 e nota 68. A fábula que aqui lhe é atribuída retoma um contexto já anteriormente registado em Arquíloco (frs. 172--181West): águia e raposa concordaram em ser amigas e fixar domicílios vizinhos,

POUPA

655 Não te aflijas. Há aí uma raizita que basta comê-la para vos nascerem umas asas.

PISTETERO

Sendo assim, toca a entrar. *(aos escravos)* Vamos, Xântias e Manodoro, peguem nas bagagens.

CORO *(à Poupa)*

Ei, tu aí! Estás a ouvir? É contigo que estou a falar.

POUPA

Chamaste?

CORO

Estes dois fulanos, leva-os contigo e dá-lhes de almoçar. E o
660 rouxinol, de voz doce, que canta com as Musas, manda-o cá e deixa-
-o aqui connosco, para gozarmos um pouco da companhia dele.

PISTETERO

Oh sim, vá lá, faz-lhes a vontade. Chama o passarinho cá para fora do caniçado. Chama-o aqui, caramba, para também nós podermos contemplar o rouxinol.

---

uma nos ramos de uma árvore, a outra em arbustos na sua base. Mas num dia em que a raposa saiu em procura de alimento, a águia baixou em voo, apanhou-lhe as crias e comeu-as, repartindo-as com os seus próprios filhotes. Como vingança, a raposa, impotente, mais não pôde fazer que amaldiçoá-la; em breve, porém, a maldição se cumpriria. Ao trazer para o lar os restos, ainda fumegantes de um sacrifício, a águia inadvertidamente pegou fogo ao ninho; asfixiados pelo fumo, os filhos precipitaram-se nas garras da raposa, que, por sua vez, os devorou à vista da impotência materna.

POUPA

Bom, se esse é o vosso desejo, assim seja. Procne, vem cá, apresenta-te aos nossos hóspedes. *(Procne aparece na figura de uma jovem e bela flautista)* 665

PISTETERO

Ó Zeus digno de todas as honras! Que belo borrachinho! Coisinha fofa! E que brancura! *(a Evélpides)* Não se me dava fazer amor com ela, sabes?

EVÉLPIDES

E vem carregada de ouro, que nem uma donzela[108]. Acho que lhe vou pespegar um beijo. 670

PISTETERO

Hás-de ter cá uma sorte! Ela tem um bico de duas pontas!

EVÉLPIDES

Faz-se de conta que ela é um ovo, ora essa! Tira-se-lhe a casca que traz na cabeça e já se lhe pode dar um beijo[109].

POUPA *(que se encaminha para o interior)*

Toca a andar.

PISTETERO

Vai tu à frente. E em boa hora! 675

(Saem e o Coro avança para entoar a parábase.)

---

[108] Eram as donzelas, filhas de boas famílias, as mulheres que mais se adornavam com jóias, sobretudo em dias de grandes festividades religiosas (cf. *Ach.* 253-258, *Lys.* 1191-1193; E. *Hec.* 151-153).

[109] Isto é, tira-se-lhe a máscara de ave, para eliminar o obstáculo do bico.

CORO

Ó meu querido e suave rouxinol! Ó mais amado de entre todas as aves, companheiro de todos os meus cantos, querido amigo! Vieste, vieste ao meu encontro, com a doçura da tua voz. Tu, que fazes ouvir, ao som da lira de belo tom, um canto primaveril([110]), dá início aos anapestos.

Vá, ser humano, por natureza condenado às trevas, semelhante às folhas, criatura impotente modelada em barro, fantasma vago como uma sombra, ser efémero carecido de asas, pobre mortal, homem igual a um sonho, volta o teu espírito para nós, os imortais, os eternos, os celestes, para quem a velhice não existe, mentores nas questões universais([111]). Vais ouvir da nossa boca toda a verdade sobre o firmamento, e conhecer a fundo a natureza das aves, a génese dos deuses, dos rios, do Érebo e do Caos. Podes, então, daqui em diante, com os meus cumprimentos, mandar Pródico àquela parte([112]). No

---

([110]) Sobre o rouxinol como arauto da Primavera, cf. *Od.* XIX. 519; Sapph. fr. 136 L.-P.

([111]) N. Petruzzellis («Aristofane e la sofistica», *Dioniso* 20, 1957, p. 58) chama a atenção para a confluência da tradição poética e filosofia sofística que dita este passo da parábase de *As Aves*. Se, por um lado, é visível todo um saber tradicional de raiz homérica e pindárica, de outro os versos vêm marcados de um pessimismo e de um estado de espírito afim das teses cépticas e agnósticas que a sofística propagava.

O vocabulário e as imagens denunciam a inspiração épica que as suporta: assim, ἀμαυρόβιοι, hápax de Aristófanes, recorda *Od.* IV. 824, 835, que fala de um fantasma como εἴδωλον ἄμαυρον; homérico é também, sem dúvida, o símile das folhas (*Il.* VI. 146-149), tantas vezes imitado na poesia grega. De inspiração épica são ainda os adjectivos ὀλιγοδρανέες (cf. *Il.* XV. 246, XVI. 843, XXII. 337; cf. A. *Pr.* 547-550) e ἀμενηνός (cf., e. g., *Od.* X. 521). Ἐφημέριος de origem pindárica *(N.* 6. 6, *P.* 8. 95 sqq.), foi aplicado ao homem como ser que dura um dia (cf. *Nu.* 223). Cf., por fim, a expressão ἄφθιτα μηδομένοισιν (v. 689) e *Il.* XXIV. 88; Hes. *Th.* 545.

([112]) Pródico, uma das figuras proeminentes do movimento sofístico, veio da ilha de Ceos, nas Cíclades, para desempenhar, em Atenas, actividades políticas e diplomáticas de relevo. Como um verdadeiro sofista, pronunciou inúmeras ἐπιδείξεις, além do ensino privado, um pouco por toda a parte do mundo grego. Preocupado com os problemas que constituíram o cerne da filosofia sofística (de que o título do seu tratado *Sobre a natureza humana* constitui um indício), Pródico notabilizou-se pelo interesse particular que demonstrou por questões de linguagem, sobretudo por uma dilucidação exaustiva do sentido exacto das palavras e do seu uso correcto (cf. Pl. *La.* 197 d 3-5, *Chrm.* 163 d 3 sqq., *Prt.* 340 b 6-342 a 5, 358 a 1 sqq.). Cf. a paródia que Aristófanes faz do estudo de sinónimos tão do gosto de Pródico em *Ra.* 1153-1177. Sobre esta personalidade, cf. ainda M. H. Rocha Pereira, *Estudos de história da cul-*

princípio havia o Caos, a Noite, o negro Érebo e o Tártaro imenso(¹¹³).
Terra, Ar e Céu ainda não existiam nesse tempo. No seio infinito do   695
Érebo, antes de mais, a Noite de asas negras produziu, sem gérmen(¹¹⁴),

---

tura clássica, I, Lisboa,⁶ 1988, pp. 428 sqq.; G. B. Kerferd, *The sophistic movement,* Cambridge, 1981, pp. 45 sqq.; W. K. C. Guthrie, *The sophists,* Cambridge, 1971, pp. 274-280.
Mas o que justifica a menção de Pródico neste momento são as suas reflexões sobre a origem dos deuses. No capítulo religião, Pródico defendeu a identificação das divindades com as forças da natureza (cf. Kerferd, *op. cit.,* p. 169) e falou de uma deificação dos homens que empreenderam passos decisivos na evolução da humanidade.

(¹¹³) Aristófanes retoma o modelo tradicional de teogonia, estabelecido em definitivo entre os Gregos através de Hesíodo (cf. sobretudo *Th.* 116-125), e continuado nas chamadas «teogonias órficas», mas com uma ascendência, profunda e dispersa, no mundo oriental; versões do mesmo teor se encontram em textos hurríticos, hititas, babilónios e fenícios (cf. M. H. Rocha Pereira, *op. cit.,* pp. 146--148; M. L. West, *Hesiod. Theogony,* Oxford, 1966, pp. 1-31). Sobre as diversas versões míticas e filosóficas, registadas na história da cultura grega, cf. ainda M. H. Rocha Pereira, *Enciclopédia Verbo, s. v. Cosmogonia.*
No entanto, a versão seguida por Aristófanes, no que respeita à ordem dos fenómenos registados na criação do mundo, não é a hesiódica. Lembra West *(op. cit.,* p. 13) que a teogonia de *As Aves* é um híbrido, congregador de elementos de Hesíodo, Empédocles e dos Órficos. Cf. ainda Cratin. frs. 240, 241 K, que exemplifica o mesmo mito desenvolvido pela comédia. As divindades envolvidas na criação, Caos, Noite, Érebo, Tártaro, Terra, Eros, qualquer que seja a ordem da sua descendência, estão presentes na versão aristofânica. Mais ainda, a cosmogonia cómica – à semelhança do que acontecia na genealogia tradicional, onde o negrume e a inconsistência caracterizam o elemento embrionário do universo – requinta numa notória concentração de escuridão, nas palavras de abertura (cf. West, *op. cit.,* p. 193).
Além disso, todo um formulário envolvente, da mais antiga tradição teogónica, se acumula na comédia. Assim, Νύξ μελανόπτερος (v. 695) «a Noite de asas negras» (cf. Hes. *Th.* 20), μακάρων γένος ἄφθιτον (v. 702) «a raça eterna dos bem-aventurados» (cf. *Th.* 33). Por outro lado, é óbvia a insistência com que o poeta introduz na sua teogonia cómica elementos relativos ao mundo das aves, que sugiram a sua ancestralidade e presença nos mais remotos momentos da existência do mundo. Com efeito, a Noite não é apenas negra, mas «*de asas* negras» (v. 695), como Eros é «o deus *de asas* douradas» (v. 697), e mesmo o Caos «abismo hiante» recebe o epíteto de *alado* (v. 698). Este é, para K. J. Dover *(Aristophanic comedy,* p. 76), um dos aspectos cómicos mais salientes da versão aristofânica da teogonia: não tanto caricaturar o modelo em si, mas usá-lo numa função diversa, a que respeito pelo tom poético do original traz ainda maior comicidade.

(¹¹⁴) Ὑπηνέμιος «cheio de vento», aplicado ao ovo, recorda uma versão mencionada por Aristóteles *(HA* 559 b 21-560 a 18), segundo a qual algumas galinhas punham ovos depois de fecundadas pelo vento, ovos esses de um tipo estéril (cf. Ar.

um ovo(¹¹⁵), de onde, com o curso das estações, nasceu Eros o desejado, com o dorso brilhante de asas douradas, impetuoso como o turbilhão dos ventos. E foi ele que, ao unir-se, durante a noite, ao Caos alado, na vastidão do Tártaro, chocou a nossa raça; e a trouxe,
700 antes de qualquer outra, à luz do dia. Nessa altura não existia ainda a geração dos imortais, antes de Eros ter reunido todos os elementos(¹¹⁶). E foi só à medida que se foram unindo uns com os outros que nasceu o Céu, o Oceano, a Terra e a raça imortal dos deuses bem--aventurados(¹¹⁷). Somos, portanto, muito mais antigos que os bem--aventurados, todos eles. De que nós descendemos de Eros não faltam provas. Está à vista: temos asas e fazemos súcia com os apaixonados.
705 Quantos rapazinhos bonitos, apostados em renegar o amor, se não deixaram, já nos limites da juventude, arrombar pelos seus apaixonados – honra nos seja feita! – com o simples presente de uma codorniz, de um caimão, de um ganso, ou de um galo(¹¹⁸). Prestamos, nós, as

---

fr. 186 K; Pl. Com. fr. 19K). De onde Liddell-Scott *(s. v.* ὑπηνέμιος) conclui que este ovo cósmico, que, contrariamente ao comum dos ovos, produziu Eros, foi gerado pela Noite sozinha, sem qualquer inseminação.

(¹¹⁵) O elemento «ovo» ocorre nas cosmogonias órficas (cf. *Orphica,* frs. 54, 57, 60, 70 Kern; cf. West, *The orphic poems,* pp. 198-203). Na constituição do universo, o conjunto dos elementos primitivos assume forma oval; a sua casca é a noite. No centro deste ovo gigantesco, limitado em cima pela curva do céu e em baixo pela terra, nasceu Fanes, a luz. Cf. *New Larousse Encyclopedia of Mythology,* London, reimpr. 1977, p. 90.

(¹¹⁶) D. Tarrant («Aristophanes, *Birds* 700», *CR* 37, 1923, p. 113) põe em relevo a proximidade que existe entre este verso e o pensamento cosmogónico de Empédocles (fr. 35D.-K.). Assim coube ao Amor (que Empédocles define com o termo φιλότης) unir todos os elementos numa massa indiferenciada, de onde nasceram tribos inúmeras de seres humanos; à sua intervenção opõe-se o poder de Discórdia, a força separadora e destrutiva. E é na sequência da intervenção destes dois processos antagónicos que a vida se torna possível.

(¹¹⁷) Céu e Terra eram, na versão de Hesíodo, os progenitores de Cronos e dos Gigantes *(Th.* 126-138) e, portanto, os ascendentes da geração olímpica. Do rio Oceano, que envolvia todo o mundo na tradição que Homero reproduz na descrição do escudo de Aquiles *(Il.* XVIII. 607 sqq.), tinham brotado, segundo outra versão, os deuses (cf. *Il.* XIV. 201).

(¹¹⁸) K. J. Dover *(Greek homosexuality,* London, 1978, p. 92) refere este hábito, difundido entre os homossexuais, de se presentearem com aves. Aristófanes avalia, como irresistível, o poder desses presentes. Mesmo aqueles adolescentes, que se tinham mostrado firmes em não cederem aos desejos dos seus apaixonados, se abandonaram, no último momento – quando, com o correr dos anos, os atractivos da adolescência pareciam prestes a abandoná-los –, seduzidos pelo presente de uma ave, passatempo muito da sua preferência.

aves, aos mortais, todo o tipo de serviços, e inestimáveis. Para já, somos nós que lhes indicamos as estações, a Primavera, o Inverno, o Outono: que é a época das sementeiras, quando o grou, a crocitar, 710 toma o caminho da Líbia(¹¹⁹); na mesma altura, é também ele que avisa o navegante que está na hora de largar o leme e descansar, e Orestes que trate de tecer uma túnica, para, quando vier o frio, não ter de a roubar a ninguém(¹²⁰). O milhafre, por seu lado, aparece a seguir, para anunciar uma outra estação, aquela em que se tosa a lã primaveril dos carneiros. Depois é a andorinha que indica a altura de vender a 715 samarra e comprar roupa mais leve(¹²¹). Para vós, nós somos Ámon, Delfos, Dodona, Febo Apolo(¹²²). Porque, antes de mais, é às aves que vocês recorrem em todos os vossos problemas, comércio, investimentos, matrimónio. E consideram «ave» tudo aquilo que tem que ver com adivinhação(¹²³). Um boato é, para vocês, uma ave(¹²⁴); 720 um espirro chamam-lhe ave(¹²⁵); um encontro, ave(¹²⁶); uma

---

(¹¹⁹) Cf. Hes. *Op.* 448-451. O regresso dos grous à Africa dava sinal da proximidade do Inverno. Com ele, chegava para o agricultor o tempo das sementeiras e para o marinheiro o momento de abandonar o barco e recolher ao calor do lar.

(¹²⁰) Cf. *infra,* vv. 1490-1493, *Ach.* 1166-1168. Esta personagem é ridicularizada na comédia como valdevinos, bêbado, violento e especializado em roubar roupas aos passantes, durante a noite. Eup. fr. 166 K inclui-o no número dos parasitas, que contribuíram para dilapidar a fortuna de Cálias (cf. vv. 283 sqq.).

(¹²¹) Cf. *Eq.* 419, *Pax* 799 sqq.; Hes. *Op.* 568 sqq.

(¹²²) Isto é, respondemos a todas as dificuldades como os mais prestigiados oráculos. Sobre Ámon, cf. *supra,* nota 105.

Dodona era um antigo e famoso oráculo de Zeus, no Epiro, onde o deus supremo se fazia ouvir através da voz dos carvalhos e do vento (cf. *Od.* XIV. 327 sqq., XIX. 296 sqq.), que os sacerdotes interpretavam. Ainda que de acesso difícil, dada a sua situação marginal no continente grego, este oráculo gozou de enorme prestígio. Cf. W. Burkert, *Greek religion,* trad. ingl., London, 1985, p. 114.

(¹²³) O mesmo vocábulo, ὄρνις «ave», adquiriu o sentido de «preságio, augúrio», dado que a adivinhação se processava muitas vezes pela observação do voo ou do piar das aves (cf. Pi. *P.* 4. 19; Ar. *Pl.* 63; E. *I. A.* 988). Sobre esta matéria, *vide* J. Pollard, *Birds in Greek life and myth,* London, 1977, pp. 116-129.

(¹²⁴) Como, por ex., o caso célebre da *Odisseia* (XX. 105-121) em que a prece de uma serva pela punição dos pretendentes é tomada por Ulisses como um bom preságio.

(¹²⁵) Cf. *Od.* XVII. 541-547; X. *An.* 3. 2. 9; Plu. *Them.* 13.2; cf. ainda Ar. *Eq.* 639 sqq.

(¹²⁶) Na superstição popular, tanto dos Gregos antigos como do nosso tempo, o encontro com determinadas criaturas, humanas ou animais, pode ter o valor de um preságio (cf. Ar. *Ec.* 792). Tais preságios de mau agoiro tinham particular importância no início de uma viagem. Daí que Xântias *(Ra.* 196), experimentado pela dureza da viagem ao Hades, se interrogue: «Que mau encontro terei eu tido ao sair de casa?» Cf. ainda Thphr. *Char.* 16.3; Hor. *Od.* 3. 27.

voz, ave([127](#)); um escravo, ave([128](#)); um burro, ave. Não se está mesmo a ver que nós somos para vós o oráculo de Apolo?
    Pois bem, se nos considerarem divindades, podem contar connosco
725 como Musas proféticas que anunciam ventos, estações, o Inverno, o Verão, o calor moderado. E não vamos escapar-nos, para nos sentarmos lá nas alturas, cheios de nove horas, no meio das nuvens, como faz Zeus. Antes, com a nossa presença, havemos de dar-vos, a vós,
730 aos vossos filhos e aos filhos dos vossos filhos, riqueza e saúde, vida, paz, juventude, alegria, danças, festas e leite... de pássaro([129](#)). Hão-
735 -de ter fortuna até dizer basta, a tal ponto vão ser ricos, todos vós.
    Musa dos bosqques, tio, tio, tinx, de tons variegados, com quem
740 eu, nos vales e nos cumes das montanhas, tio, tio, tinx, empoleirado em frondoso freixo, tio, tio, tinx, do pescoço doirado, arranco cantos
745 sagrados em honra de Pã, e coros solenes para a deusa-mãe das montanhas, totototonix([130](#)); lá onde, qual abelha, Frínico se alimentava de melodias cheias de ambrósia, produzindo sempre um canto de
750 extrema doçura, tio, tio tinx([131](#)).

([127](#)) Sommerstein *(op. cit.,* p. 244) julga esta referência sobretudo alusiva à voz dos animais, de um burro, por exemplo, como o texto refere logo de seguida.

([128](#)) Estamos aqui confinados à explicação do escoliasta, que refere o hábito de se considerarem alguns escravos como «de bom augúrio». Seria favorável, por isso, o encontro com um desses seres predestinados com sinal positivo.

([129](#)) «Leite de pássaro» era uma expressão proverbial para referir a quinta--essência da felicidade material, através de um ἀδύνατον (cf. *V.* 508 sqq.; Mnesim. fr. 9 K; Petr. *Satyr.* 38. 1).

([130](#)) Os dois cultos, de Pã e de Reia, a deusa da terra, foram também associados por Píndaro *(P.* 3. 77-79).

([131](#)) Frínico, antecessor de Ésqquilo na produção trágica, é sempre recordado na comédia como poeta de mérito. A crer neste testemunho, as árias de Frínico continuavam a agradar, quer ao grande público, quer aos mais exigentes conhecedores, o que as mantinha vivas nas ruas de Atenas. Da produção dramática de Frínico conservavam os mais velhos uma grata recordação, sinónima de vasta popularidade (cf. *V.* 269 sqq.). Dessa fase embrionária da tragédia *(Ra.* 910), Frínico sobressai pela doçura inesqquecível das suas melodias. Homem de exterior atraente e elegante, as composições vinham-lhe impregnadas do mesmo requinte que toda a sua pessoa irradiava *(Th.* 164 sqq.). Por todo este requinte um tanto efeminado na sua doce suavidade, a poesia de Frínico revela múltiplas afinidades com o mundo iónico. Sobre a produção trágica de Frínico, vide G. F. Else, *The origin and early form of Greek tragedy,* Cambridge, 1965, pp. 74 sqq.; A. Lesky, *Die griechische Tragödie,* Stuttgart, ³1964, pp. 74-77.

Sobre a associação entre o poeta que busca inspiração para a sua melodia e a abelha laboriosa, cf. B. 10. 10; Pi. *P.* 10. 53 sqq.; Pl. *Ion* 534b.

Se algum de vocês, espectadores, quiser, daqui em diante, levar, no meio dos pássaros, uma vidinha regalada, que venha ter connosco. Porque aquilo que aqui fica mal e é condenado por lei, tudo isso é permitido no reino da passarada. Se aqui é condenado por lei dar uma tareia no pai, entre nós é perfeitamente correcto que se corra ao encontro do pai, e se lhe dê uma surra com estas palavras: «levanta esse esporão, se queres luta!»([132]). Se, por acaso, algum de vocês for um escravo em fuga, marcado a ferro, no nosso mundo vai ser tratado por francolim matizado([133]). Trata-se de um Frígio, nem mais nem menos que Espíntaro, e passa a ser um fringilo, da raça de Filémon([134]). Se é escravo, e da Cária como Execéstides([135]), que trate de arranjar av... ós no nosso meio, e hão-de aparecer-lhe parceiros de fratria. E se o filho de Písias quiser franquear as portas aos exilados, que se torne perdiz, digno rebento do pai dele. Porque entre nós não é vergonha nenhuma dar um golpe de perdiz([136]).

Assim os cisnes, tio, tio, tinx, juntam o grito, enquanto batem as asas e invocam Apolo, tio, tio, tinx, pousados na margem do rio

755

760

765

770

([132]) O confronto entre homens e galináceos, no que toca ao respeito pela entidade paterna, é idêntico à filosofia desenvolvida por Fidípides, em *Nu.* 1427-1429. No entanto, a cidade das aves vai revelar-se, nas cenas finais, um mundo que nada tem a ver com o paraíso do crime, aqui apregoado (cf. vv. 1347-1369, que retomam, na presença simbólica do Parricida, esta mesma questão).

([133]) Se um escravo fugia ou praticava um crime grave, o patrão podia castigá-lo, marcando-o a ferro em brasa *(Lys.* 331; Aeschin. 2. 79). A *Suda, s. v.* ἀτταγᾶς, considera o nome do francolim, com os seus tons matizados, como uma alcunha proverbial para o escravo que foi chicoteado. Sobre a tortura aplicada ao escravo, cf. R. Schlaifer, «Greek theory of slavery from Homer to Aristotle», in *Slavery in classical Antiquity,* ed. by M. Finley, Cambridge, 1964, pp. 181 sqq.

([134]) Este é um exemplo de ataque nominal, que temos dificuldade em entender, porquanto nem Espíntaro, nem Filémon são, para nós, identificáveis. Do texto parece, no entanto, inferir-se a sua origem frígia, a mesma de muitos escravos em Atenas (cf. *V.* 433,1309). A escolha do fringilo, um grupo de aves a que pertence o tentilhão, como a correspondência natural no mundo das aves, parece não ter outra justificação que não seja a sua semelhança fonética com Frígio.

([135]) Cf. *supra,* nota 2. A tradução av... ós pretende sugerir o jogo do original, onde πάππος significa ao mesmo tempo «avô», além de ser o nome de uma ave.

([136]) Sommerstein *(op. cit.,* p. 247) salienta a dificuldade que se põe ao comentador moderno na identificação deste «filho de Písias», e acaba por pender, apoiado na alcunha de «perdiz» que este passo lhe atribui, para o taberneiro coxo dos vv. 1292 sqq., cujo filho é tratado em Phryn. Com. fr. 53 K por «filho da perdiz» (cf. ainda Ar. fr. 53 K). Outros autores (Cantarella, Coulon) inclinam-se para Meles, o citaredo, também filho de Písias (cf. Pherecr. fr. 6 K), sem que outros testemunhos permitam adoptar em definitivo uma das hipóteses.

775 Hebro, tio, tio, tinx; e, através da nuvem celeste, penetra o seu canto.
Quedam-se, surpresas, as feras de tons matizados, e as ondas amai-
780 nam sob um céu sereno, totototinx([137]). Todo o Olimpo ressoa. O
pasmo apodera-se dos todo-poderosos. Graças e Musas do Olimpo
respondem com o seu canto a este clamor, tio, tio, tinx.
Nada há melhor nem mais agradável que ter asas. Imaginem só se um
785 de vós, espectadores, era alado: está farto dos coros trágicos, dá-lhe a
fome, levanta voo e vai até casa almoçar; mais tarde, já com a barriguinha
cheia, volta a voar a tempo da nossa comédia([138]). Se se encontra, por
790 acaso, no meio de vós, um tipo do género do Patroclides([139]) mortinho

---

A alcunha de «perdiz» parece referir-se à capacidade que este animal tem de escapar-se aos perseguidores, com uma corrida veloz e de trajecto imprevisível. A que poderia ela aludir na sua aplicação ao filho de Písias? Vários comentadores confluem na hipótese verosímil de que Aristófanes tenha em mente a mutilação dos Hermes, em 415, que constituiu um escândalo religioso de grande ressonância. Os suspeitos da prática desse crime, punidos de ἀτιμία «perda de todos os direitos políticos», haviam fugido de Atenas. No exílio, tornaram-se para muitos Atenienses uma constante ameaça ao regime democrático (cf. Th. 6. 60. 1), e motivo de um alerta geral para prevenir uma eventual incursão na cidade, com apoio interno (Th. 6. 61. 2). Apesar de o rebate se ter revelado falso, parece que, em 414, ano da representação de *As Aves,* algumas dúvidas subsistiam ainda nos espíritos mais cépticos. Assim, uma leitura possível do nosso passo seria a seguinte: se o filho de Písias pertence ao número dos traidores que, em Atenas, apoiava a facção política que os exilados de 415 constituíam, a melhor atitude a tomar era escapar-se sub-reptícia e velozmente como uma perdiz. Sobre a questão, cf. ainda J. Taillardat, *op. cit.,* pp. 112 sqq.

([137]) A associação dos cisnes com Apolo era mítica. Alceu descrevera a vinda do deus para Delfos, sobre um carro alado puxado por cisnes, por entre saudações de rouxinóis, andorinhas e cigarras (fr. 307 L.-P.). Cf. ainda *H. Hom.* 21. 1-3; E. *Ion* 161--163. *Vide* J. Pollard, *op. cit.,* pp. 144-146.

Sobre a natureza, o canto dos cisnes tem o mesmo efeito calmante de uma aparição divina: aquietam-se as feras, o mar cai sob um céu sem brisas. Sobre o efeito calmante dos tons de Apolo, cf. Pi. *P.* 1.5-12; ou de uma aparição de Dioniso, E. *Ba.* 1084 sqq. Aristófanes havia de parodiar este tópico da literatura grega em *Th.* 39-48, ao descrever a aparição do poeta Ágaton como uma autêntica epifania.

([138]) O programa que o coro aqui enuncia deixa claro que, por esta altura, no festival das Dionísias, a representação de uma tetralogia por dia era seguida de uma comédia. Assim, se o espectador já está maçado de tragédias vai até casa e regressa mais tarde, a tempo de assistir à representação cómica.

Cf. M. H. Rocha Pereira, *Estudos de História da Cultura Clássica,* I, Lisboa, ⁶1988, pp. 340-342; A. W. Pickard-Cambridge, *The dramatic festivals of Athens,* 2nd ed. revised by J. Gould and D. M. Lewis, Oxford, 1968. A mesma desvalorização da representação trágica está implícita do fr. 306 K de Cratino.

([139]) Um *schol.* Poll. 5. 91 confirma que Patroclides tinha a alcunha de χεσᾶς «o traqueador», o que permite recordá-lo como motivo de um tipo de burlesco muito

por arrear a carga, não precisa de... transpirar para a túnica; levanta voo
até às alturas, dá uma traqueada, respira fundo e zás! para baixo outra
vez, num golpe de asa. Se um de vocês anda de amores e dá de caras
com o marido da fulana, no sector dos Conselheiros, com um bater de
asas põe-se a voar dali; vai fazer amor lá fora e ei-lo de volta a voar   795
outra vez([140]). Pois então, não vale a pena pagar qualquer preço para
ter asas? Veja-se o Diítrefes, que de asas só tem as do garrafão, como
foi eleito chefe de esqquadrão e depois comandante de cavalaria; um
tipo que veio do nada e está bem instalado na vida. Ali onde o vês,   800
é hoje um cavalo-galo resplandecente([141]).

(Pistetero e Evélpides regressam, já munidos de asas.)

---

explorado na comédia antiga. «Transpirar» é o eufemismo que Aristófanes aqui
adopta para recordar o hábito bem conhecido da sua vítima. Qualquer outra tentativa
de identificação da personagem parece-me abusiva, embora o nome ocorra na vida
política ateniense (IG i ³ 63; Andoc. 1. 77-79).

([140]) Os membros do Conselho tinham lugares reservados no teatro (cf. Poll. 4.
122; Ar. *Pax* 882-908). Por esse facto, tornava-se mais fácil registar a presença de
qualquer deles na multidão que enchia o auditório. Sobre a localização dos lugares de
honra no teatro, cf. M. Bieber, *The history of the Greek and Roman theater,* Oxford,
²1961, pp. 70 sqq.

([141]) A comédia faz de Diítrefes a figura de um cretino, ambicioso e sem
escrúpulos (Cratin. fr. 233 K; Pl. Com. fr. 31 K). Vamos encontrá-lo a desempenhar
funções de comandante de cavalaria neste mesmo ano de 414 a. C. (Th. 7.29 sqq.).
Segundo o texto, este personagem parece pertencer ao número das figuras proeminentes da vida de Atenas na segunda metade do século V, que haviam, ao mesmo
tempo, feito fortuna na indústria (Cléon com os curtumes, Hipérbolo com as tochas,
e o nosso Diítrefes com os garrafões). Da sua actividade ao serviço militar de Atenas,
destaca Aristófanes a função de filarco, chefe de um esqquadrão de cavalaria, e
hiparco, comandante supremo da cavalaria, num movimento promocional claro. Essa
prosperidade faz dele uma espécie de cavalo-galo dourado, uma personagem mitológica de tipo híbrido, frequente nas artes plásticas gregas dos séculos VI e V, e também
com certa vulgaridade mencionado na poesia. A referência mais famosa desta criatura
é, sem dúvida, aquela que Ésqquilo fazia dela em *Mirmidões* (fr. 212 f M) como
emblema de um navio, e que Aristófanes parodia em *Ra.* 932 (cf. *Pax* 1177), como
padrão dos gostos exóticos e linguagem bombástica daquele trágico. Com esta
metáfora, o comediógrafo deve querer dizer que Diítrefes fora promovido até uma
categoria máxima, depois da escalada de filarco a hiparco, que fazia dele um ser
engalanado e superior ao comum dos mortais. Registemos ainda a opinião de
Taillardat *(op. cit.,* p. 26) de que Aristófanes aplica a designação de ἱππαλεκτρυών
aos oficiais do exército, a todos aqueles que usavam a capa vermelha (πτεροφόραι);
cf. *Pax* 1177.

PISTETERO

Ora pronto!

EVÉLPIDES *(divertido)*

Poça! Nunca vi coisa mais patusca nos dias da vida!

PISTETERO

Onde é que está a graça?

EVÉLPIDES

São essas tuas asas para grandes voos. Sabes o que pareces com essas asas?

PISTETERO

805   Pois olha, tu fazes figura de uma gansa pintada([142]), que não vale meio tostão furado.

EVÉLPIDES

E tu, pareces um melro tosqquiado à tigela.

PISTETERO

Como dizia Ésqquilo, as nossas comparações «não são culpa de ninguém, senão das nossas próprias asas»([143]).

([142]) Uma explicação possível para esta imagem é dada por Taillardat *(op. cit.,* p. 480). Segundo este autor, «a gansa pintada» com o menor custo possível seria, como o cavalo-galo, um elemento decorativo de navios. E calcula Taillardat que, frequentemente, aqueles a quem cabia a liturgia de apetrechar um navio procurassem economizar na pintura, dados os enormes encargos que tal missão comportava. Em confronto com esta atitude restritiva, cf. Th. 6. 31.3, que salienta a sumptuosidade decorativa da armada que tomou parte na expedição à Sicília.

([143]) O v. 808 é uma citação de Ésqquilo, *Mirmidões* fr. 139.4 Radt. Nesse passo, Aquiles, arrogando-se a culpa da morte de Pátroclo, recorria a uma fábula popular: aquela em que uma águia é atingida por uma flecha feita das suas próprias penas.

CORO

E agora, que vamos fazer?

PISTETERO

Primeiro que tudo dar um nome à cidade, que seja grande e ilustre; 810
e a seguir fazer sacrifícios aos deuses.

EVÉLPIDES

Perfeitamente de acordo.

CORO

Ora vejamos, que nome se há-de dar à cidade?

PISTETERO

E se lhe puséssemos esse nome sonante – Esparta –, inspirado na Lacedemónia? Que acham?

EVÉLPIDES

Foge! Usar esparto na minha terra? Nem a servir de esteira, 815
mesmo que tivesse um colchão de molas à minha disposição! Nem
assim (¹⁴⁴)!

(¹⁴⁴) Evélpides é um antiespartano convicto, que, mesmo no dia-a-dia, rejeita um objecto vulgar cujo nome lhe faça lembrar Esparta. Assim, o nome comum σπάρτη, que significa «esparto», material de origem vegetal utilizado na indústria das cordas. Esta fibra proporcionava um material vulgarmente usado na estrutura das camas, como base de apoio para o colchão. Mas, para marcar bem o repúdio por elas, o nosso herói acrescenta que não cederia a aceitá-las nem mesmo que dispusesse de uma cama de um outro sistema, tiras entrelaçadas, que as substituíssem. O ridículo deste remate está no facto de este último modelo de cama ser muito mais confortável e caro (Plu. *Alc.* 16. I), portanto insusceptível de troca com o anterior. O texto oferece-nos uma espécie de παρὰ προσδοκίαν: quando seria lógico esperarmos que a personagem dissesse qualquer coisa como «nem que tivesse de dormir no chão», ela diz, pelo contrário, «nem que tivesse de dormir num colchão de molas!».

PISTETERO

Bom, então que nome lhe havemos de dar?

EVÉLPIDES

Pode-se arranjar, inspirado nas nuvens e no espaço celeste, um nome bem pomposo.

PISTETERO

Nefelocucolândia([145])! Que tal?

CORO

Ena pá! Que belo nome, esse que inventaste! Imponente!

EVÉLPIDES

Será esta a tal Nefelocucolândia, onde o Teógenes e o Ésqquines têm mundos e fundos([146])?

([145]) O nome da nova cidade agrupa efectivamente a palavra «nuvem» (νεφέλη) e o nome de uma ave, o cuco, que, para além de símbolo das aves, habitantes do território, as identifica como seres «obtusos, tolos», de que o cuco é a representação *(Ach.* 598; Pl. Com. fr. 64 K). Assim a cidade das aves alicerça-se na inconsistência das nuvens e na estupidez dos cucos. Sommerstein *(op. cit.,* p. 251) chama oportunamente a atenção para o facto de adiante (vv. 917,963,1023) os visitantes da nova cidade se lhe referirem no plural, Νεφελοκοκκυγίαι, por analogia com 'Αθῆναι. Por sua vez, A. Costa Ramalho *(Dipla onomata* no *estilo* de *Aristófanes,* Coimbra, 1952, pp. 85 sqq.) comenta a designação Νεφελοκοκκυγιεύς dada aos seus moradores. A terminação -ευς é comum, não apenas a designar os habitantes de uma determinada região (Μεγαρεύς, por exemplo), como se aplica também nos apelidos locais das divindades (Σμινθεύς ou 'Αγιεύς de Apolo, Πολιεύς de Zeus). Assim, os habitantes da Nefelocucolândia possuem um nome sugestivo de altos poderes, prometedor da vitória que lhes compete alcançar sobre os deuses olímpicos.

([146]) Nefelocucolândia era já, de acordo com este passo, um topónimo de origem popular, alusivo a um paraíso das mil e uma noites, terra de prodígios e fantasia. Aí a comédia situa a tão apregoada fortuna de Teógenes e Ésqquines, dois gabarolas cujos bens apenas existem em sonhos. A Teógenes, o comediógrafo Êupolis (fr. 122 K) aplicou a alcunha de «Fumo», tais as fantasias e gabarolices que a sua imaginação

PISTETERO

Melhor que isso! A famosa planície de Flegra, onde os deuses levaram a palma aos filhos da Terra em fanfarronadas(¹⁴⁷).   825

CORO

Coisa fantástica, esta cidade! E que deus há-de ser o nosso padroeiro? Para qual deles vamos tecer a túnica(¹⁴⁸)?

EVÉLPIDES

Porque não deixamos essa função a Atena Pólias?

PISTETERO

Mas como pode haver ordem numa cidade, onde uma deusa, mulher, aparece vestida com uma armadura completa, e Clístenes armado de roca(¹⁴⁹)?   830

---

alimentava (cf. Eup. fr. 110 A. 5-7 Edmonds). Outros gracejos de padrão popular lhe são também aplicados: cf. *V.* 1183 sqq., *Pax* 928; Eup. fr. 110 A 9 sqq. Edmonds; Ar. fr. 571 K. Acusação idêntica de fanfarrão e estúpido é confirmada para Ésqquines, em *V.* 324, 459, 1243-1247.

(¹⁴⁷) A planície de Flegra parece corresponder a Palene, uma península calcídica do Mar Egeu (cf. Hdt. 7.123.6 sqq.). Sommerstein *(op. cit.,* p. 251) supõe no entanto que este topónimo, se de facto existiu, perdera já actualidade, e por isso «planície de Flegra» era um local tão fictício como Nefelocucolândia. Sobre a guerra entre deuses e gigantes, cf. *supra,* nota 89. Uma pincelada cómica é lançada neste contexto, pela substituição das «fanfarronadas» ao «raio» com que os Olímpicos fulminaram o inimigo.

(¹⁴⁸) À imagem de Atenas, também a nova cidade terá por protectora Atena Pólias, a deusa da cidadela. Em sua honra se realizava o festival das Pan-Ateneias. Um dos momentos culminantes da festa era a procissão, em que tomavam parte todos os componentes da vida da cidade: as donzelas das melhores famílias, portadoras de oferendas, os cidadãos, os metecos e os cavaleiros, que o friso interior do Pártenon imortalizou. Este cortejo levava, para oferecer a Atena, o peplos bordado com motivos do mito, a que Eurípides se refere em *Hec.* 466-474: sobre fundo cor de açafrão, em bordado de cores matizadas, o coro lembra o desenho das parelhas de cavalos e a luta de Zeus com os Titãs. Sobre este festival, cf. M. H. Rocha Pereira, *op. cit.,* pp. 334-336.

(¹⁴⁹) Os Atenienses tinham bem presente a imagem da sua deusa armada, de que a Atena Prómacos da Acrópole era por certo uma recordação permanente. Em

CORO

E quem vai ocupar o Muro Pelárgico da Acrópole(¹⁵⁰)?

PISTETERO

Uma ave.

CORO

Uma das nossas? De que raça?

PISTETERO

835 Pérsica. Aquele que é, em toda a parte, considerado como o mais terrível, o galo de Ares(¹⁵¹).

EVÉLPIDES *(irónico)*

Ora viva Sua Excelência o galo!

PISTETERO

É um deus mesmo talhadinho para viver nos rochedos. *(a Evélpides)*
840 Bem, tu, anda lá, sobe ao céu e dá uma ajuda aos construtores: carrega

---

oposição ao perfil bélico da filha de Zeus, Aristófanes retoma o ataque a Clístenes, o famoso efeminado, fiel amigo do sexo fraco, vítima predilecta dos comediógrafos, aqui armado de roca, insígnia do trabalho feminino: cf. *Ach.* 117-121, *Eq.* 1374, *Nu.* 355, *Th.* 574-654, *Ra.* 48-57; Eup. fr. 454. 6 K.

(¹⁵⁰) Desde tempos imemoriais que a colina da Acrópole foi protegida por muralhas, sucessivamente reconstruídas e reforçadas, conhecidas pela designação de muro pelásgico ou pelárgico. A designação inicial parece estabelecer um parentesco com o etnónimo πελασγοί, mas a forma vulgarizada πελαργικός permitia a ligação com πέλαργος «cegonha», e a alusão à presença daquelas aves, que nidificavam nas alturas da muralha (cf. Hdt. 5. 64. 2, 6. 137; Arist. *Ath. Pol.* 19. 5).

(¹⁵¹) Sobre a origem pérsica do galo, cf. *supra,* nota 72. O mito associava a Ares, deus da guerra, um jovem amigo e aliado de nome Aléctrion (Galo), que, por ter negligenciado a vigilância cúmplice dos amores do deus com Afrodite, foi metamorfoseado em galo. Embora não pareça haver no texto uma alusão clara ao mito, chamar ao galo «de Ares» é reconhecer-lhe invejáveis qualidades de lutador, que os Atenienses bem conheciam e muito apreciavam.

com o cascalho(¹⁵²), tira a camisa e faz a massa, leva a gamela, manda-te abaixo da escada, distribui as sentinelas, mantém o fogo sempre aceso(¹⁵³), faz as rondas de campainha na mão(¹⁵⁴) e ferra-te lá a dormir. Manda um arauto lá acima, à morada dos deuses, e outro lá abaixo, à dos homens. Depois vem cá ter comigo. 845

EVÉLPIDES *(trocista)*

E tu, ficas por aqui, não é? Olha, vai àquela parte... ter comigo(¹⁵⁵)!

PISTETERO *(conciliador)*

Vá lá, meu amigo, vai aonde te estou a dizer. Que, sem ti, nenhum dos projectos que anunciei se pode realizar. Por meu lado, vou sacrificar aos novos deuses e chamar o sacerdote que há-de conduzir o cortejo. *(chamando lá para dentro)* Rapaz! Rapaz! Tragam o cesto 850 e a água lustral(¹⁵⁶). *(Sai para executar estes preparativos.)*

CORO

Os meus parabéns! Estou totalmente de acordo(¹⁵⁷). Vou fazer coro contigo para pedir que hinos longos e solenes sejam entoados em honra dos deuses; mais ainda, que, para lhes conciliar as boas graças, se lhes sacrifiquem um carneirito ou coisa que o valha(¹⁵⁸). 855

(¹⁵²) Para preencher as ranhuras entre os grandes blocos de pedra.

(¹⁵³) Sobretudo no isolamento do campo, havia a preocupação de manter o fogo aceso sob as cinzas, para não haver necessidade de ir à procura de brasas (cf. *Od.* V. 488-490). Também nas torres de vigia o fogo devia estar sempre aceso sob as cinzas, de modo a permitir, a qualquer momento, o envio de uma mensagem (cf. vv. 1161 sqq.).

(¹⁵⁴) As rondas eram feitas com o auxílio de uma campainha, a cujo som as sentinelas deviam responder (Th. 4. 135).

(¹⁵⁵) Queixoso da parte de esforço que lhe cabe nesta empresa, Evélpides ecoa, com ironia, as últimas palavras de Pistetero.

(¹⁵⁶) Cf. *supra*, nota 9. Uma descrição pormenorizada destes rituais de sacrifício é feita por Aristófanes em *Pax* 948-1018.

(¹⁵⁷) O tom solene em que o coro propõe cantos de celebração das novas divindades é inspirado na tragédia; cf. S. frs. 489, 490 Radt.

(¹⁵⁸) O carneiro é o animal que vulgarmente se sacrifica em rituais de iniciativa privada (cf., *e.g.*, *Pax* 929-1022). Quando se trata, porém, de rituais públicos, como

Que toe, toe, toe o grito pítico e que Quéris acompanhe à flauta o meu canto(¹⁵⁹).

PISTETERO *(ao flautista)*

860 Tu aí, acaba com as sopradelas. *(Fixando-o com atenção)* C'um raio, que vem a ser aquilo?! É fantástico, bolas! Dizer que eu, que já vi tanta coisa, nunca tinha visto nada assim! Um corvo com cabresto!... *(Ao sacerdote que chega)* Sacerdote, faz a tua obrigação, sacrifica aos novos deuses(¹⁶⁰).

SACERDOTE

865 É o que vou fazer. Onde está o moço com o cesto? *(em tom solene)* Supliquem a Héstia, deusa das aves(¹⁶¹), ao milhafre protector do lar(¹⁶²), à pardalada – Olímpicos e Olímpicas – todos eles e todas elas...

PISTETERO

Falcão do Súnion, salve, soberano pelárgico(¹⁶³)!

é este caso particular da fundação de uma cidade, era de regra o sacrifício de animais mais corpulentos e em maior número. Aristófanes parodia os objectivos demagógicos que por vezes determinavam estas hecatombes, em *Eq.* 656-662.

(¹⁵⁹) O canto pítico é um hino de homenagem a Apolo, acompanhado à flauta. O acompanhamento musical é confiado a Quéris, que a comédia ridiculariza como péssimo instrumentista (cf. *Ach.* 15 sqq., 865 sqq., *Pax* 951-955; Cratin. fr. 119 K; Pherecr. fr. 6 K). No mundo das aves, o mau flautista encarna no corvo, símbolo do canto dissonante.

(¹⁶⁰) Liddell-Scott, *s. v.* φορβειά, fala de uma tira, semelhante a um cabresto, usada em volta dos lábios pelos flautistas, para os ajudar a regular o sopro, e consequentemente o som *(V.* 582).

(¹⁶¹) Neste momento de prece, o texto exprime-se em forma de prosa, numa imitação próxima de idênticos rituais. Invocada é, em primeiro lugar, Héstia, a deusa da família, dentro da boa regra das preces (cf. Pi. *N.* 11.6). Ehrenberg *(The people of Aristophanes,* p. 212) salienta como este hábito em sacrifícios públicos codificou a expressão popular «começar por Héstia», como forma proverbial de dizer «começar pelo princípio». Deusa da terra, da casa e da família, Héstia transforma-se, na Nefelocucolândia, em deusa das famílias aladas.

(¹⁶²) Cf. vv. 499-501, onde se desenvolve a mesma teoria, de que, antes dos mais, o milhafre reinava sobre os Gregos. Como «protector do lar», o milhafre substitui Zeus, habitualmente invocado no mesmo contexto ao lado de Héstia.

(¹⁶³) O apelo ao falcão do Súnion, Σουνιέραχε, é uma paródia do epíteto de Posídon, «venerado em Súnion», Σουνιάρατος (ver Liddell-Scott, *s. v.).*

SACERDOTE

... ao cisne de Delfos e Delos(¹⁶⁴), a Latona rainha das codorni- 870
zes(¹⁶⁵) e a Ártemis pintassilga...

PISTETERO

Deixou de ser Ártemis Colénide e passou a ser pintassilga(¹⁶⁶)!

SACERDOTE

... a Sabázio tentilhão(¹⁶⁷), à avestruz soberana, mãe dos deuses e 875
dos homens...

O cabo Súnion, o extremo SW da Ática, era cenário, na antiguidade, de um festival em honra do deus do mar, Posídon, realizado de quatro em quatro anos. Sobre o cabo, erguia-se o templo do deus, cujas ruínas o mantêm vivo até aos nossos dias. Um intuito paródico se oculta igualmente por trás do epíteto πελάργιχος «senhor das cegonhas», onde a palavra grega facilmente recordaria πέλαγος «mar» e πελαγιχός, palavras implícitas na menção do mundo de Posídon (ainda que πελαγιχός não seja um epíteto habitual deste deus).

(¹⁶⁴) Cf. *supra*, v. 772 e nota 137.

(¹⁶⁵) Ὀρτυγομήτρα é o nome dado ao codornizão ou rei-das-codornizes (cf. Cratin. fr. 246 K; Arist. *HA* 597 b 16). Aristófanes aplica-o aqui, por graça, a Latona, que se tornara mãe de Ártemis num local chamado Ὀρτυγία (H. Hom. Ap. 16; S. Tr. 214). Ortígia parece ser um antigo nome da ilha de Delos, ou de Rénia, uma pequena ilhota próxima daquele território (cf. Th. 3. 104.2; Str. 10.5.5).

(¹⁶⁶) É obscuro o sentido do epíteto χολανίς, aplicado a Ártemis (Metag. I K; Paus. 1. 31. 5). No presente contexto, este epíteto estabelece um jogo de palavras com ἀξαλανθίς «pintassilgo», único motivo evidente para aproximar a deusa desta ave.

(¹⁶⁷) Sabázio era um deus frígio, embriagador, por vezes confundido com Dioniso, cujas menções frequentes, sobretudo na comédia *(V.* 9 sqq., *Lys.* 388, Ar. fr. 566 K), atestam a grande popularidade de que gozava em Atenas. Cícero *(Lg.* 2. 15) lembra como a implantação de novas divindades e seus rituais tinham tanta força, que Aristófanes, na comédia perdida *Estações,* as submetia a juízo, para as condenar e deportar; Sabázio era expressamente referido nesse número. Mulheres e escravos parecem ter constituído o maior número de fiéis deste culto, cujos rituais são hoje mal conhecidos. Cf. D. M. Macdowell *Aristophanes. Wasps*, Oxford, reimpr. 1978, pp. 128 sqq.

O jogo entre o adjectivo «frígio» e fringilo, nome de uma ave, é a repetição daquele que se fez, *supra,* vv. 762 sqq.; cf. nota 134.

PISTETERO

Cíbele poderosa, avestruz, mãe de Cleócrito([168])!

SACERDOTE

... que concedam ao povo da Nefelocucolândia saúde e felicidade, a eles e à gente de Quios...([169])

PISTETERO

880   Isto é que é um gozo! Andar com os de Quios atrelados a nós por todo o lado!

SACERDOTE

... e às aves heróis, e aos filhos dos heróis, ao caimão, ao pica-pau, ao pelicano, à fléxide, à pedrês, ao pavão, ao rouxinol-pequeno-das-
885   -carriças, à cantadeira, ao elasa, à garça, à gaivina, à toutinegra, ao chapim...

([168]) Cíbele era uma deusa de origem oriental, conhecida entre os Gregos pelos epítetos de «mãe», «mãe dos deuses e dos homens» *(H. Hom.* 14. 1). Além de deusa das cavernas, Cíbele personificava a terra no seu estado primitivo e selvagem e era venerada nos cumes das montanhas.

Com a avestruz, a deusa tinha em comum a proveniência asiática, além do epíteto μεγάλη, que aplicado a στρουθός a identificava como «avestruz» e distinguia do simples στρουθός «pardal».

A referência à avestruz encadeia uma alusão a um contemporâneo conhecido pela corpulência, Cleócrito (cf. *Ra.* 1437). Só a título de curiosidade, podemos recordar, com Van Leeuwen e Sommerstein, que Cleócrito foi também o nome do arconte de 413-412 a. C. e do arauto dos Mistérios de Elêusis, em 403; qualquer identificação das personagens umas com as outras, pelo simples argumento de que as figuras visadas na comédia estivessem obrigatoriamente em destaque na vida política, não passa de especulação.

([169]) A ilha de Quios, membro da Confederação ateniense, estava isenta de contributo monetário, para prestar a sua colaboração em navios (Th. 6. 85. 2). Os seus préstimos haviam sido de particular valia na campanha da Sicília, para a qual Quios contribuíra com um contingente importante (Th. 6. 31. 2). Em reconhecimento por essa prestação, Atenas decidira incluir Quios nas preces públicas e solicitar aos deuses, para o seu aliado, as mesmas benesses que para si própria (cf. Thrasym. fr. 3 D.-K.).

PISTETERO

Chega, bolas! Chega de menções! Ei, safado! Qual é o banquete para que estás a convidar águias-marinhas e abutres ao mesmo tempo? Não vês que um só milhafre podia agarrar nisto tudo e pôr-se a mexer([170])? Desaparece daqui, tu e as tuas fitas([171])! Eu próprio me encarrego do sacrifício, sozinho. (O *sacerdote retira-se*) 890

CORO

Bem, tenho de entoar outra vez um segundo canto piedoso e sagrado para a ablução e invocar os bem-aventurados... bem-aventurado, um e basta, se vocês quiserem ter comida que chegue. Aliás, de vítimas, não temos aqui mais que penas e cornos. 895
 900

PISTETERO

Vamos ao sacrifício. Invoquemos os deuses alados...

(É interrompido pela chegada do poeta.)

POETA *(a cantar)*

Canta, ó Musa, a Nefelocucolândia, essa cidade bem-aventurada, com a melodia dos teus hinos([172]). 905

([170]) Referência jocosa à exiguidade do banquete.

([171]) As fitas eram um sinal da missão religiosa do sacerdote. Homero dá-nos a imagem do sacerdote que se aproxima para executar o seu ofício, com as fitas na mão *(Il.* I. 14 sqq., 28).

([172]) Numa invocação à Musa, de puro estilo épico, o poeta solicita inspiração para um canto em honra da Nefelocucolândia (cf.*Il.* 1 sqq.). O motivo do canto, antecipado para a cabeça da frase, vem seguido de um epíteto, e, logo após, o apelo à Musa. Os dorismos τάν e τεαῖς carregam os tons desta invocação. Pistetero não esconde o assombro perante tão insólito visitante, que o irá brindar com um canto em honra da recém-fundada cidade, onde abundam citações de Homero e Píndaro. Em troca, espera sensibilizar a generosidade dos seus anfitriões, para socorrer uma penúria profundamente contrastante com a riqueza do seu estilo poético. Dover *(Aristophanic comedy,* p. 141) vê nesta personagem a caricatura dos grandes poetas líricos dos finais da época arcaica e primórdios da clássica (como Simónides, Píndaro ou Baquílides), que viviam da protecção dos tiranos da Sicília ou das famílias aristocráticas da Grécia.

PISTETERO

De onde é que nos caiu aqui este tropeço? *(ao poeta)* Diz-me lá, quem és tu?

POETA

910 Eu? Um cantor de versos doces como o mel, «servo diligente das Musas», como diz Homero([173](#)).

PISTETERO

Olha que história! Com que então és escravo e usas essas melenas([174](#))?

POETA

Nada disso! É que todos nós, poetas, somos «servos diligentes das Musas», no dizer de Homero.

PISTETERO

915 Muitos e bons serviços te tem já prestado também a fraldica que trazes([175](#))! Bom, mas olha lá, ó poeta, que maus ventos te trouxeram até estas paragens?

([173](#)) A identificação é dada em termos metafóricos, recolhidos nos lábios de Homero; do «servo diligente das Musas» *(Il.* I.321, *Od.* I. 109; Hes. *Th.* 99 sqq.) é apanágio «entoar versos doces como o mel» *(Il.* I. 249; B. fr. 3. 97 S).

([174](#)) Cabeleiras longas eram usadas apenas por homens livres, principalmente os jovens de boas famílias e os intelectuais (cf. *Ach.* 389 sqq., *Eq.* 581, *Nu.* 332, 545, 836), de modo que se tornaram sintoma de afectação ou mesmo de princípios antidemocráticos. Assim, os que os usavam eram muitas vezes vítimas da desconfiança geral *(V.* 463-470; Lys. 16. 18).

([175](#)) Trocista, Pistetero estabelece uma relação entre ὀτρηρός «diligente, serviçal» e outras palavras com a raiz τρη-, como τρῆμα, πολύτρημος, respectivamente, «buraco, rasgão» e «crivado de buracos», que relaciona com a velha túnica do poeta, também ela a denunciar «muitos e bons serviços já prestados». Além de rota, ληδάριον, diminutivo depreciativo, refere-se a uma peça de roupa, leve, barata, em geral usada no tempo quente, e por isso desadequada às circunstâncias; em consequência, o poeta irá denunciar muito em breve sinais evidentes de frio (vv. 935, 950-955).

POETA

Compus, em honra da vossa Nefelocucolândia, uma série de ditirambos, encantadores aliás, coros de donzelas e cantos no estilo de Simónides([176]).

PISTETERO

E essa treta toda, quando é que a compuseste? Há quanto tempo começaste? 920

POETA

Há muito, há muito mesmo, que tenho cantado esta cidade.

PISTETERO

Como, se ainda agora, neste preciso momento, estou a fazer o sacrifício do décimo dia e a dar-lhe o nome, como a uma criança([177])?

([176]) O que o poeta vem pôr ao serviço da cidade são os seus ditirambos, designados no texto por danças de roda, em que um coro se exibia numa formação circular. O ditirambo ocupou um lugar importante nas manifestações dramáticas que preenchiam grande parte do programa do festival das Grandes Dionísias. M. H. Rocha Pereira *(op. cit.,* p. 340) informa sobre a presença, neste festival, de vinte coros de ditirambo, dois por cada tribo, um de homens e outro de rapazes. Cf., sobre este assunto, A. W. Pickard-Cambridge, *Dithyramb, Tragedy and Comedy,* 2nd ed. revised by J. Gould and D. M. Lewis, Oxford, 1968, p. 74 sqq., 78 sqq.

Os coros de donzelas, ou *parteneia,* conheceram, na lírica grega, uma grande vitalidade. Do modelo em causa, foram-nos conservados passos do famoso *Grande Parténéion* de Álcman (fr. lP), onde referências pessoais, o mito e reflexões em forma de sentença ou *gnome* parecem marcar o tom do poema. Mais tarde, Píndaro havia de dedicar aos *parteneia* uma parte importante da sua produção poética. Simónides, por último, está igualmente presente na inspiração do nosso poeta. Dos vários modelos líricos que cultivou, o texto cómico não deixa claro quais são aqueles que ganharam a preferência do visitante da Nefelocucolândia. Importa lembrar, com M. H. Rocha Pereira *(op. cit.,* p. 206), em palavras sucintas, que Simónides «para nós ficou sobretudo como o moralista austero, que reflecte sobre a imperfeição humana e sobre a instabilidade da fortuna, ou que representa, num quadro patético, o sofrimento do abandono à fúria dos elementos. É o cantor do heroísmo, que identifica com ἀρετή». Nesta época, porém, do último quartel do século V, Simónides começava a ser sentido como um cantor de estilo um tanto antiquado (cf. *Nu.* 1356 sqq.).

([177]) Cf. *supra,* nota 74.

POETA

925   É veloz a palavra das Musas, tal o galope faiscante dos cavalos(¹⁷⁸).
E tu, meu pai, fundador de Etna, que trazes no nome a santidade, concede-me uma graça, seja ela qual for; com um aceno de cabe-
930   ça(¹⁷⁹), concede-me aquilo que a generosidade te ditar.

PISTETERO

Esta peste vai-nos meter em sarilhos, se não lhe dermos qualquer coisa para nos livrarmos dele. *(a um dos escravos)* Ei tu, aí, tu que tens gibão e túnica. Despe o gibão e dá-o aqui ao nosso poeta talentoso. *(ao*
935   *poeta)* Toma lá! Tens cara de quem está a morrer de frio.

POETA

Este presente, a minha Musa aceita-o de bom grado. E tu, aprende--me de cor estes versos de Píndaro...

PISTETERO

940   O fulano não nos vai largar.

POETA

Lá entre os Citas nómadas, vagueia, afastado dos exércitos, quem não tem... uma farpela tecida ao tear(¹⁸⁰). A glória não está reser-

---

(¹⁷⁸) É em tom épico que o poeta estabelece o confronto entre a prontidão do fluxo poético das Musas e a corrida veloz dos corcéis. O estilo homérico do passo é acentuado pelo peso condizente do vocábulo ὠχεῖα *(Il.* I. 58, 11. 786, VIII. 88, *Od.* VI. 104, VII. 36).

(¹⁷⁹) O visitante revela, enfim, as intenções ocultas que determinam a sua vinda, e, no mais puro estilo lírico, mendiga uma esmola. O rogo dirigido a Pistetero repete as palavras que Píndaro endereçara a Hierão, fundador da cidade de Etna, como o herói aristofânico o é da Nefelocucolândia (cf. Pi. fr. 105 S). Logo após, a magnitude do novo soberano é assimilada à própria majestade divina de Zeus, que, com um aceno de cabeça, manifesta o seu assentimento *(Il.* I. 528). Hierão, tirano da Sicília e fundador de Etna, «trazia no nome a santidade», porque o nome que usava, Ἱέρων, diferia de ἱερῶν «o mundo da santidade», apenas no acento.

(¹⁸⁰) O poeta invoca de novo Píndaro em seu auxílio, para mendigar também a túnica, com uma citação do mesmo fr. 105 S. Desta vez, porém, Aristófanes introduz

vada... para o gibão sem a túnica. Estás a perceber onde eu quero 945
chegar.

PISTETERO

Já percebi que o que tu queres é apanhar também a tunicazinha. *(ao servo)* Tira-a lá. É preciso fazer alguma coisa pelo poeta. *(dirigindo-se a este último)* Toma e põe-te a mexer!

POETA

Cá vou. E quando me for embora, hei-de compor, em honra da cidade, cantos deste tipo: «Canta, ó Musa de trono dourado, a cidade 950 que treme, sob a neve. Percorri as planícies geladas, de rotas sem fim. Trá lá lá(^{181}).»

PISTETERO

C'os demónios! De neves estás tu livre com essa tunicazinha que 955 aí levas. Esta é que foi uma chatice com que eu não contava, bolas! Que a existência da nossa cidade lhe chegasse aos ouvidos tão depressa. *(ao servo)* Vá lá, dá outra vez a volta com a água lustral. Silêncio(^{182})!

(Entra o intérprete de oráculos a ler um papiro.)

---

no texto lírico uma alteração cómica, para prosseguir na sátira à penúria e voracidade do poeta. Basta-lhe, para tanto, substituir as palavras de Píndaro «entre os Citas nómadas, vagueia, afastado dos exércitos, quem não tem uma casa conduzida sobre um carro» (ἁμαξοφόρητον οἶκον), alusão às caravanas citas, por «entre os Citas nómadas, vagueia, afastado dos exércitos, quem não tem... uma farpela tecida ao tear» (ὑφαντοδόνητον ἔσθος).

(^{181}) Satisfeito com a liberalidade de Pistetero, o poeta ensaia um canto de glorificação da nova cidade; e, de novo, o tom lírico se impõe, em expressões e epítetos, nos versos que alinhava: com segunda invocação à Musa, apodada de χρυσόθρονε, epíteto comum de várias deusas (cf. Pi. *P.* 4. 260, *N.* 1.37), o poeta celebra a cidade τρομεράν, χρυεράν, obtendo um homeoteleuto sugestivo (τρομερός vem registado em passos líricos de Eurípides, *Ph.* 303, *Tr.* 176; χρυερός, em *Il.* XIII. 48, *Od.* IV. 103). Νιφόβολος ocorre de novo em *Av.* 1385, numa paródia aos poetas do ditirambo.

(^{182}) Pistetero reata o ritual interrompido com a chegada do poeta.

INTÉRPRETE DE ORÁCULOS ([183])

Não dês início ao sacrifício do bode.

PISTETERO

960   E tu, quem és?

I. O.

Eu? Um intérprete de oráculos.

PISTETERO

Ó diabo que te carregue!

I. O.

Caro amigo, não faças letra morta dos assuntos sagrados. Porque há um oráculo de Bácis ([184]) que diz expressamente respeito à Nefelocucolândia.

([183]) A figura do intérprete de oráculos é frequentemente explorada na comédia aristofânica: *Pax* 1043-1126, *Eq.* 115-210, 997-1097, 1229-1252. Esta personagem proporcionava, como lembra Dover *(Aristophanic comedy,* p. 76), uma dupla fonte de comicidade. Do ponto de vista poético, o oráculo exprime-se sob forma metrificada, num estilo com sabor épico, proporcionando jogos de palavras que a comédia não deixa de explorar a seu contento.

Mas há também a imagem pública do intérprete de oráculos, que para muitos era sobretudo o aliado dos políticos, aquele que punha a adivinhação ao serviço da demagogia e conduzia, com um saber transcendente, o voto das massas populares. É este o perfil do intérprete de oráculos que o comediógrafo desenvolve em *Cavaleiros;* aliás Tucídides (8. 1. 1) confirma o mesmo poder de intervenção destas personagens, ao atribuir-lhes uma quota de responsabilidade nas grandes expectativas criadas em torno da expedição à Sicília.

([184]) Bácis era o nome de um conhecido oráculo da Beócia, a quem os Gregos atribuíam importantes profecias sobre os acontecimentos das guerras pérsicas (Hdt. 8. 20, 8. 77. 12-14, 8. 96. 6-13, 9. 43). Não surpreende, portanto, que a comédia lhe tenha dedicado alusões frequentes: *Eq.* 123 sqq., 1003, *Pax* 1070-1072. Posteriormente, este oráculo aparece-nos referenciado em vários locais da Grécia. Cf. M. P. Nilsson, *Greek Folk Religion,* Philadelphia, reimpr. 1972, pp.127-129.

PISTETERO

E porque é que não revelaste esse oráculo antes de eu ter fundado   965
a cidade?

I. O.

Foram os deuses que mo não permitiram.

PISTETERO

Bom, o melhor é ouvir esses tais versos.

I. O.

Mas quando os lobos e as gralhas pardas habitarem os mesmos lugares, entre Corinto e Sícion... (¹⁸⁵)

PISTETERO *(interrompendo)*

E que tenho eu que ver com os Coríntios?

I. O.

Era ao céu que Bácis se referia com estas palavras. Antes de mais,   970
é preciso sacrificar a Pandora(¹⁸⁶) um carneiro de lã branca. E àquele

---

(¹⁸⁵) O que o oráculo anuncia, a harmonização de lobos e gralhas, é naturalmente um ἀδύνατον. Sommerstein *(op. cit.,* p. 262) acrescenta a este um outro «impossível», qual o de localizar a terra entre Corinto e Sícion. Por serem territórios contíguos, não havia entre eles qualquer espaço de permeio. A expressão «no espaço entre Corinto e Sícion» parece ter assumido, em grego, valor proverbial, para indicar uma terra de fantasia, um local não existente, ou mesmo um paraíso inacessível (cf. Ath. 5. 219 a). É esta a leitura de B. Gulick, no vol. II de Ateneu, na ed. Loeb Classical Library.

(¹⁸⁶) Pandora, «a concessora de todas as dádivas», está na mira deste intérprete de oráculos, que se prepara para arriscar alguns pedidos. Filha de Erecteu, rei lendário de Atenas, Pandora era a deusa da terra, identificada com Reia, e venerada sob esta designação em Atenas e em outros pontos do mundo grego. Hesíodo, porém, havia simbolizado numa outra Pandora a vingança de Zeus sobre a raça humana; criada por

que primeiro se apresentar como intérprete das minhas palavras, seja concedido um casaco asseado e sapatos novos.

PISTETERO *(que aponta para o manuscrito)*

Também aí estão os sapatos?

I. O.

975 Ora vê aqui no livro... que lhe dêem uma taça e lhe encham as mãos de carnes...([187])

PISTETERO

Dar-lhe carnes? É o que diz aí?

I. O.

Ora vê aqui no livro. E se tu, jovem inspirado, fizeres o que eu digo, vais transformar-te em águia entre as nuvens([188]). Se, pelo contrário, não deres nada, nem rola, nem tordo, nem pica-pau hás-de ser nunca.

PISTETERO

980 Tudo isso também está aí?

Hefesto, por encomenda do pai dos deuses, Pandora encarnou a maldade feminina, sob a capa de uma mulher bela e fútil, que derramou sobre a espécie humana todos os males (Hes. *Op.* 42-105; cf. Hes. 771. 507-616). *Vide* West, *op. cit.*, pp. 305-308.

([187]) Depois da imolação da vítima, num ritual, feitas as oferendas aos deuses, as vísceras (τὰ σπλάγχνα) eram, por sua vez, grelhadas e repartidas pelos participantes na cerimónia.

([188]) Cf. *Eq.* 1013, 1087. O *schol. Eq.* 1013 cita este oráculo, a que Aristófanes se havia já referido em *Celebrantes do Banquete* (fr. 230 K). O oráculo contém palavras de bom augúrio para o seu destinatário, que, depois dos dias difíceis por que tem passado, ascenderá, enfim, à felicidade e à glória.

Por oposição à grandeza de que a águia é símbolo, aquele que não cumprir as ordens do oráculo – presentear o adivinho – nem uma pobre avezinha há-de ser.

I. O.

Ora vê aqui no livro.

PISTETERO

Não há qualquer semelhança entre esse oráculo e aquele outro que eu próprio registei da boca de Apolo. Se aparecer por aí, sem ter sido convidado, um parlapatão qualquer, a perturbar o sacrifício, mortinho por deitar a unha às entranhas, dêem-lhe um pontapé no meio das costelas... 985

I. O.

Não falas a sério, pois não?

PISTETERO

Ora vê aqui no livro. Não poupes ninguém: nem a águia nas nuvens, nem Lâmpon nem o grande Diopites([189]).

I. O.

Tudo isso está aí?

PISTETERO

Ora vê aqui no livro. *(em tom ameaçador)* Desanda! Rua! 990

I. O.

Que sorte a minha!

([189]) Sobre Lâmpon, cf. *supra* v. 521 e nota 82.
Diopites foi um político de segundo plano, que se envolveu na perseguição de filósofos e na denúncia dos que dessem mostras de ateísmo. Esta sua campanha vitimou, entre outros, Anaxágoras, que foi forçado a abandonar Atenas (Plu. *Per.* 32. 1-2). O seu nome liga-se ainda a um decreto de Metone, datado de c. 430 (IG I^2 57), e aparece com frequência mencionado na comédia (Telecl. fr. 6 K; Phryn. Com. fr. 9 K; Amips. fr. 10 K; Ar. *Eq.* 1085, *V.* 381).

PISTETERO *(ao intérprete de oráculos que se afasta)*

E se tu alçasses daqui para fora e fosses cantar oráculos para outro lado?!

MÉTON ([190]) *(que chega por sua vez)*

Aqui estou eu na vossa cidade...

PISTETERO

Outro! Mais sarilhos! Afinal que vieste tu cá fazer? Qual é a tua intenção? Que ideia é essa? Qual o objectivo – e o coturno – desta viagem ([191])?

([190]) Antes mesmo de poder voltar ao sacrifício, novo visitante chega à Nefelocucolândia: trata-se agora de alguém – o único dos visitantes a ser identificado pelo nome – bem conhecido como geómetra e astrónomo, Méton, que se propõe elaborar o plano de urbanização da cidade recém-fundada. Sobre ele, porém, Pistetero vai exercer violência e expulsar mais este visitante indesejado. Dover *(Aristophanic comedy,* pp. 36 sqq.) considera esta cena um exemplo de rejeição da superioridade intelectual e do peso das convenções sociais; do mesmo modo, Leo Strauss *(Socrates and Aristophanes,* New York, 1966, p. 175) observa, neste contencioso entre o chefe político da nova cidade e o intelectual que a visita, o repúdio pela cultura que aparece como a pedra de toque no retrato do político promissor de *Cavaleiros.*

([191]) Este é um passo do texto que põe algumas dificuldades de leitura, pela intromissão, à primeira vista pouco lógica, da interrogativa τίς ὁ κόθορνος numa sucessão de outras perguntas de teor totalmente diverso. Os vários estudiosos da peça, colocados perante uma leitura que sugere um eventual erro do copista, ensaiaram uma vasta série de *uariae lectiones,* de que V. Coulon («Supplément critique et exégétique au tome III de mon édition d'Aristophane», *REG* 43, 1930, pp. 58 sqq.) nos dá a súmula. Na sua edição, porém, este estudioso mantém a leitura do manuscrito e, para a justificar, segue a interpretação daqueles que vêem no coturno o calçado do actor trágico, destinado a alterar e enobrecer a personagem. «Que coturno é esse?» seria, segundo esta opinião, equivalente a «que pose é essa?». Outro elemento de caracterização da personagem, contudo, parece também explícito no uso do coturno, que, além do calçado do actor trágico, era próprio das mulheres *(Lys.* 657, *Ec.* 346) e dos efeminados *(Ra.* 47); assim, esta poderá ser uma alusão externa a um traço desta personalidade, pouco viril e cobarde, a complementar com a exibição do medo que põe a personagem em fuga (vv. 1010-1019), quando sob as ameaças de Pistetero. De resto, Sommerstein *(op. cit.,* p. 264) recorda a escusa que Méton arranjara, para si próprio e para o filho, para não participar na campanha da Sicília no ano anterior. Vários testemunhos (Plu. *Nic.* 13. 5 sqq., *Alc.* 17.5 sqq.) comentam um incêndio de

MÉTON

Venho para tirar medidas ao céu e dividi-lo em talhões.   995

PISTETERO

C'oa breca! Quem és tu?

MÉTON

Quem sou? Méton, conhecido na Grécia e... em Colono([192]).

PISTETERO

E essa tralha que aí tens, o que é? Diz-me lá!

MÉTON

Réguas para medir o céu. Para começar, o céu é, no seu conjun-   1000
to, quanto à forma, uma espécie de fornalha([193]). Portanto, eu aplico-

---

origem mal conhecida (embora incêndios fossem um mal vulgar nas cidades antigas), numa casa de Méton, que lhe serviu de pretexto para se isentar do encargo de armar e comandar um navio na recente campanha. Esta parece ser uma boa razão para a oportunidade de caricaturar Méton neste ano de 414, em que todos os boatos sobre a questão o traziam presente nas atenções gerais (lembremos que também Frínico, no mesmo festival, referia a personagem, no fr. 21 K).

([192]) Obviamente o texto provoca uma παρὰ προσδοκίαν: ao apregoar a fama de que goza, Méton diz «conhecido na Grécia e...»; mas onde se esperaria, por exemplo, «... e no estrangeiro», a frase remata de uma forma absurda «... e em Colono», topónimo muito familiar aos Atenienses. Colono era, na antiguidade, o nome de uma região vizinha de Atenas, ligada à morte de Édipo, ou também uma zona da própria cidade, próxima da ágora. Seja qual for o Colono a que o texto directamente se refere, será sempre um local muito próximo e familiar dos habitantes de Atenas.

Cf. ainda a ligação de Méton com Colono, onde teria construído uma fonte, referida por Phryn. Com. fr. 21 K.

([193]) A mesma comparação do firmamento com uma fornalha é atribuída, por Estrepsíades, aos Sofistas, em *Nu.* 95-97. Πνιγεύς é uma campânula hemisférica usada no fabrico do pão. Depois de aquecido o seu interior com carvão, este era substituído pelo pão e disposto em volta, no exterior da campânula, para manter o calor necessário à cozedura. Segundo o *schol. Nu. loc. cit.,* a comparação do céu com um destes utensílios era da autoria do filósofo Hípon, já antes troçado, em termos semelhantes, por Cratino (fr. 155 K).

-lhe de cima este esqquadro curvo, apoio o compasso(¹⁹⁴)... estás a perceber?

PISTETERO

Não estou a perceber nada.

MÉTON

1005 Tiro-lhe as medidas com uma régua direita, que aplico de forma que o círculo se torne quadrado. Ao meio fica a praça pública, onde vão confluir ruas rectas, justamente no centro, como, a partir de um astro de forma circular, se projectam, em todas as direcções, raios rectilíneos.

PISTETERO

1010 O tipo é um verdadeiro Tales(¹⁹⁵). *(meditabundo)* Méton...

(¹⁹⁴) Intencionalmente, segundo parece, a descrição desta sequência de operações geométricas é um conjunto de frases com pouco ou nenhum sentido. Expressões como «esqquadros curvos» e «círculos que se tornam quadrados» não deixam dúvidas ao espectador comum, menos familiarizado com as novas doutrinas geométricas, de que lhe estão a ser propostas operações absurdas. No entanto, elas são o eco paródico de reais preocupações científicas em voga no momento, como seja o problema da «quadratura do círculo» ou inscrição dentro desse espaço de formas poligonais, com medida de lado progressivamente mais reduzida até se aproximar da própria circunferência (cf. Antiph. fr. 13 D.-K.; Anaxag. A 38 D.-K.; e ainda W. K. C. Guthrie, *A history of Greek philosophy,* I, Cambridge, 1962, p. 270).

Como plano urbanístico, Méton propõe um esqquema radial, com ágora circular ao centro e ruas rectilíneas projectadas nos vários sentidos. Apesar de a urbanística grega, a partir de Hipódamo de Mileto, dar em geral preferência ao plano ortogonal (rede de vias paralelas e perpendiculares entre si), Cantarella *(Gli uccelli,* p. 155) lembra que era radial, por exemplo, o plano da cidade de Túrios, da autoria do mesmo Hipódamo. Claro que a imagem deste esqquema é bem apropriada para a cidade das nuvens e dos cucos.

(¹⁹⁵) Tales de Mileto, um dos Sete Sábios da Grécia, desenvolveu a sua actividade durante a primeira metade do século VI a. C. Com o curso do tempo, a sua reputação de sábio tornou-se verdadeiramente popular (cf. *Nu.* 180) e muitas histórias se criaram em volta da sua figura, definindo-o como o pensador distraído. Cf. W. K. C. Guthrie. *op. cit.,* pp. 45-72.

MÉTON

O que é?

PISTETERO

Sabes uma coisa? Caíste-me no goto. Olha, faz o que te digo: sem dares nas vistas, vai-te pondo ao fresco.

MÉTON

Porquê? Há perigo?

PISTETERO

Isto aqui é como na Lacedemónia([196]): a estrangeirada, correm com ela e há por aí uma certa agitação. Pancadaria pela cidade não falta!

MÉTON

Não estão em guerra civil, pois não?

PISTETERO

Não, bolas! Não é isso. 1015

MÉTON

Então que é?

PISTETERO

De comum acordo decidiu-se desancar todo e qualquer vigarista.

([196]) Era comum, em Esparta, a prática periódica da ξενηλασία, ou seja, a expulsão de estrangeiros: cf. Pl. *Prt.* 342 c; Th. 1. 144 2,2.39.1.

MÉTON

Então o melhor é eu fazer uma saída estratégica. *(prepara-se para partir)*

PISTETERO

Caramba, já nem sei se ainda vais a tempo! Que a pancadaria está pronta a atacar. *(bate-lhe)*

MÉTON

Ai! Isto é que é uma sorte!

PISTETERO

1020 Não estou farto de te avisar? E se fosses tirar as tuas medidas para outro lado?

(Méton põe-se em fuga e chega um inspector)

INSPECTOR *(muito seguro de si)*

Os serviços de acolhimento([197])? Onde posso encontrá-los?

PISTETERO

E este Sardanapalo([198]) agora, quem será?

([197]) O inspector, que simboliza os enviados através dos quais Atenas exercia certa fiscalização sobre os aliados, pretende localizar os próxenos da Nefelocucolândia. A proxenia era, antes de mais, uma honra concedida a estrangeiros e simultaneamente uma função: a de acolher os representantes oficiais de Atenas numa cidade estrangeira, ou mesmo prestar a ajuda possível a qualquer cidadão ateniense em viagem. Portanto era atribuída a estrangeiros residentes fora de Atenas. Mais tarde, porém, no momento em que se converteu apenas num título, serviu para agraciar estrangeiros residentes na cidade de Palas. Sobre a importância política da actuação dos *proxenoi*, cf. Th. 3. 2. 3. Vide também M. Clerc, *Les méteques athéniens,* New York, 1979, pp. 218-220.

([198]) Para os Gregos, Sardanapalo identificava-se com o último dos grandes reis do império assírio (= Assurbanipal, século VII a. C.), senhor poderoso de inúmeras

INSPECTOR

Vim cá, à Nefelocucolândia, porque fui designado inspector por sorteio.

PISTETERO

Inspector? Quem é que te mandou cá?

INSPECTOR

Um raio de um papel do Téleas(¹⁹⁹).   1025

PISTETERO

Não quererás tu receber a massinha, sem mais chatices, e pores-te a mexer?

INSPECTOR

Se quero! Tanto mais que precisava de ficar em casa para ir à assembleia, porque tenho andado a tratar de uns assuntos com o Fárnaces.

PISTETERO

Toma! Desanda daqui! A massinha é esta, toma lá. *(bate-lhe)*

---

riquezas e impulsionador entusiasta da cultura; apesar do exterior de grandeza, o império minava-se por dentro, o que o conduziu a uma rápida decadência. Em volta desta figura de rei, criara-se um mito de riqueza e ostentação, que fizera dela um símbolo. Assim, a exclamação de Pistetero à vista do recém-chegado é, segundo parece, denunciadora de um exterior exótico e ostensivamente elegante. Todo este requinte de tipo oriental, sugerido desde o primeiro momento, consolida-se quando (v. 1028) o próprio se afirma empenhado em negociações com o persa Fárnaces, a apresentar na Assembleia; «suborno e negócios escuros» são, sem dúvida, uma ideia implícita nestas actividades.

(¹⁹⁹) Sobre Téleas, cf. *supra*, nota 29. «O maldito papel» de Téleas serão os termos de uma proposta, da autoria de Téleas, aprovada na Assembleia, para o envio de um inspector à nova cidade.

INSPECTOR *(zangado)*

1030   Mas que vem a ser isto?

PISTETERO

Uma assembleia sobre o assunto do Fárnaces(²⁰⁰). *(bate-lhe de novo)*

INSPECTOR

Vou arranjar testemunhas. Estão a dar-me uma surra, a mim, um inspector. *(foge)*

PISTETERO

Desapareces ou não? Fazes favor levas daqui as duas urnas(²⁰¹)? E esta? É preciso topete! Então não é que já estão a mandar inspectores cá à cidade, antes mesmo de termos acabado os sacrifícios aos deuses?!

(Entra um vendedor de decretos a ler)

VENDEDOR DE DECRETOS(²⁰²)

1035   «E se a gente da Nefelocucolândia causar dano aos Atenienses...»

(²⁰⁰) Fárnaces, um aristocrata persa, exercia funções de sátrapa na Ásia Menor, mas as suas relações com Atenas apresentavam-se um tanto tensas (Th. 2. 67. I, 5. I. 2). Portanto, o nosso inspector afirma-se encarregado de uma difícil missão diplomática. No entanto, a comédia (cf. *Ach.* 61 sqq., *Eq.* 478) dá-nos uma ideia das reservas com que eram olhados pelos Atenienses aqueles que mantinham relações com os Persas. Lembremos que quem fizesse pacto com esse povo inimigo era amaldiçoado nas reuniões públicas como traidor: *Pax* 108, *Th.* 337; Isoc. 4. 157.

(²⁰¹) A referência às urnas de voto mostra que Atenas, através do seu inspector, pretendia instalar na Nefelocucolândia um sistema judiciário semelhante ao seu. Simplesmente um dos motivos principais que levaram os nossos heróis a abandonar Atenas, para emigrar para um país ideal, fora precisamente o vício dos processos que obcecava os Atenienses (cf. vv. 39-41, 109-111). Cf. ainda *supra*, nota 8.

Sobre o regime judiciário imposto por Atenas às cidades aliadas, cf. G. Glotz, *La cité grecque,* Paris, 1968, pp. 288 sqq.

(²⁰²) Houve já quem pretendesse ver no vendedor de decretos um tipo de profissional, extraído da corrupção da vida política, disposto a «interpretar» o texto

PISTETERO

E este safado agora, de livrinho e tudo, quem será ele?

V. D.

Sou um vendedor de decretos, e estou aqui para vos vender as novas leis.

PISTETERO

Que história é essa?

V.D.

«Os Nefelocucolandeses vão usar as mesmas medidas, pesos e   1040
decretos que os Olofíxios» (²⁰³).

PISTETERO *(ameaçador)*

Tu é que vais usar os dos Aiaifíxios, e é para já!

---

da lei a contento daqueles que quisessem recorrer aos seus serviços (cf. C. N. Jackson, *HSCPh* 30, 1919, pp. 89 sqq.). No entanto, a própria peça dá testemunho da existência, no mercado, de cópias dos decretos da assembleia, ao dispor dos compradores, para consulta pessoal. Cf. *infra* nota 259. Pelo que este tipo de comércio parece estar de facto estatuído.

De imediato, o recém-chegado dá início à leitura, em prosa, do texto de um decreto, cuja matéria é o regulamento jurídico que rege as relações entre Atenas e os membros do seu império. Para um Pistetero que procurava um local ἀπράγμων para viver (v. 44), esta é, verdadeiramente, uma aparição indesejável.

(²⁰³) Este novo texto legal refere-se à imposição, estabelecida da parte de Atenas, sobre os aliados, que os forçava a adoptarem os mesmos pesos, medidas e moeda que a cidade imperial. Cf. G. Glotz, *op. cit.,* pp. 289 sqq. Para a exprimir, Aristófanes coteja a nova cidade com Olofixo, uma pequena urbe próxima do monte Atos (Th. 4. 109. 2 sqq.). A única razão para a referência a Olofixo é o aproveitamento cómico que Pistetero faz de seguida, ao criar um topónimo parecido, mas em que as primeiras sílabas (ὀλο-) são substituídas por (ὀτοτ-), uma das interjeições vulgares no grego para o sofrimento (ὀτοτοî).

V. D.

Eh lá! Que é que te deu?

PISTETERO

1045 Desapareces daqui com essas leis ou quê? Azedas são as leis que eu te vou mostrar, e não passa de hoje! *(bate-lhe e o vendedor de decretos foge)*

INSPECTOR *(que regressa)*

Convoco a tribunal, durante o mês de Abril([204]), Pistetero, por agressão.

PISTETERO

Ora esta! Ainda cá estás?

VENDEDOR DE DECRETOS
(que também volta atrás e lê)

1050 «E quem correr com a autoridade e não a receber como manda o edital...»([205])

PISTETERO

Ora a minha vida! O quê? Tu também ainda aqui estás?

([204]) O mês designado por Muníquion correspondia sensivelmente ao nosso Abril, e seguia-se àquele em que se celebravam as Dionísias. Dentro de um processo de ordenação das causas, por tipos, no funcionamento judiciário ateniense, esta era a época destinada a questões com aliados ou estrangeiros. Em causa, as condições de acesso dos interessados a Atenas – a navegabilidade do mar –, satisfatórias apenas na Primavera.

([205]) Arcontes são, na terminologia do império ateniense, representantes de Atenas junto das cidades aliadas, para supervisionarem o seu funcionamento. As leis, neste caso respeitantes aos direitos dos arcontes, eram divulgadas publicamente por gravações em pedra (cf. Sommerstein, *op. cit.*, p. 270).

INSPECTOR

Vou-te arrasar! Hei-de exigir-te em tribunal 10 000 dracmas.

PISTETERO

E eu agarro-te nas urnas e faço-tas em pedaços.

V. D.

Lembras-te daquela noite em que te puseste a fazer para o *placard* do edital([206])?

PISTETERO

Puf! *(aos servos)* Levem o tipo daqui para fora! *(ao Inspector já em fuga)* Ei! Espera aí! *(aos escravos)* Vamos desandar daqui quanto antes e sacrificar, lá dentro, o bode aos deuses. *(entram para fazerem o sacrifício)* 1055

CORO

Daqui em diante, é a mim que tudo vejo e tudo rejo, que os mortais, todos eles, com votos e preces, vão fazer sacrifícios. Porque a terra inteira está sob a minha vigilância: sou eu que protejo e faço medrar os frutos, liquidando animais de todo o género que, na terra e sobre as árvores, com boca voraz, comem o fruto em botão. Extermino quantos, nos jardins perfumados, são elemento de destruição e odiosa razia: répteis e roedores, quantos existem, morrem esmagados sob as minhas asas. 1060 1065 1070

Neste dia, mais que em nenhum outro, proclama-se que([207]): «Quem, de entre vós, matar Diágoras de Melos([208]), ganha um

---

([206]) Ou seja, num manifesto desprezo pela lei aí gravada.

([207]) Os momentos de grande concentração de pessoas, de que os dias em que decorriam as Dionísias são um exemplo, eram uma altura oportuna para publicitar informações; no caso presente, anunciam-se alvíssaras para quem liquidar inimigos públicos (cf. A. W. Pickard-Cambridge, *The dramatic festivals* of *Athens,* ed. revised by J. Gould and D. M. Lewis, Oxford, ²1968, pp. 59,67).

([208]) Diágoras de Melos impôs-se como poeta lírico, sobretudo ditirambógrafo. A sua actividade decorreu em Esparta, na primeira metade do século V. Também indirec-

1075 talento; um talento ganha também quem eliminar um dos tiranos... já falecidos»([209]). Do mesmo modo, queremos nós anunciar, aqui e agora, o seguinte: «Quem acabar com o Filócrates dos pardais([210]) recebe um talento, se o trouxer vivo, recebe quatro. É que ele é um tipo que amarra os tentilhões e os põe à venda, sete por um óbolo; e
1080 mais, sopra nos tordos([211]), faz-lhes toda a casta de judiarias, para os pôr em exposição; aos melros, enfia-lhes penas no nariz([212]); da mesma maneira, apanha pombos, prende-os e obriga-os a servir de isca, amarrados numa rede([213]).» É esta a nossa declaração. E a todo
1085 aquele que cria aves fechadas em gaiolas, recomendamos que as solte. Se não obedecerem, são capturados pelas aves; e é a vossa vez de ficarem prisioneiros, em nosso poder, a servirem de isca.
1090 Feliz a raça alada das aves; no Inverno não se envolvem em casacos; nem no Verão, quando o calor aperta, o raio de sol, que brilha ao longe, nos esqquenta. É nos prados floridos e na sombra da

---

tamente referido em *Nu.* 830, Diágoras de Melos tornou-se um símbolo de impiedade e ateísmo. Hermipo (fr. 42 K) ridiculariza-o como «filho da basófia». Pelas suas posições inconformistas perante a religião, Diágoras, perseguido pela lei (cf. D. S. 13.6.7) e processado no ano anterior ao de *As Aves,* deixou Atenas e refugiou-se em Pelene, de onde os Atenienses não conseguiram extraditá-lo. Por isso lhe puseram a cabeça a prémio: um talento para quem o eliminasse, dois talentos para quem o capturasse com vida. Com a citação do decreto promulgado contra Diágoras, o comediógrafo explora um episódio recente. Cf. E. Derenne, *Les procès d'impiété intentés aux philosophes à Athènes, aux Ve et IVe siècles a. C.,* Liège, 1930, pp. 57-70.

([209]) A tirania havia terminado em Atenas em finais do século VI a. C. Ao seu desfecho andavam associados os nomes bem populares de Harmódio e Aristogíton, os tiranicidas que assassinaram Hiparco, irmão do tirano Hípias (cf. A. Lintott, *Violence, civil strife and revolution in the Classical city,* Baltimore, 1982, pp. 52 sqq.). Em sua honra eram entoados, nas festas, escólios muito famosos (cf. *Ach.* 980, 1093, *V.* 1225, fr. 430 K). Apesar disso, os Atenienses conservaram dos tiranos um pavor inato, de forma que se tornou banal, ao longo de todo o século V, acusar um inimigo político de pacto com a tirania: cf. *V. 417,* 463-507, 953, *Th.* 338, 1143. Execrações eram lançadas contra os tiranos no início das assembleias *(Th.* 338 sqq.), de modo a manter o espírito popular alertado contra o perigo de qualquer tentativa nesse sentido. E, a julgar por este passo, continuavam a anunciar-se prémios para quem capturasse ou matasse os tiranos.

([210]) Cf. *supra,* v. 14 e nota 3.

([211]) Para os fazer parecer mais gordos.

([212]) Possivelmente para os suspender.

([213]) Os pombos, muitas vezes depois de terem sido cegados, serviam de engodo para atrair outras aves (Arist. *HA* 613 a 22 sqq.). A mesma sorte estava, aliás, destinada a outras aves (Arist. *HA* 609 a 15 sqq., 614 a 10-28).

folhagem que eu habito, no tempo em que a cigarra divina, louca de 1095
sol, no calor escaldante do meio-dia, entoa o seu canto estridente([214](#)).
O Inverno, passo-o no côncavo das grutas, em festa com as Ninfas das
montanhas. Na Primavera, comemos as bagas virginais do mirto 1100
branco e os frutos do jardim das Graças([215](#)). Ao júri queremos dirigir
uma palavra a respeito da vitória([216](#)). Se julgarem a nosso favor,
quanta coisa boa não vamos fazer no interesse de todos eles, presentes
bem melhores que aqueles que Alexandre recebeu([217](#)). Antes de mais 1105
– coisa que os júris prezam acima de tudo –, nunca vos hão-de faltar
as corujas do Láurion([218](#)). Elas vão passar a habitar convosco, a fazer
ninho nas vossas bolsas e aí chocar troquinhos. Além disso, vocês
passam a viver numa espécie de templo, já que vamos cobrir as vossas 1110

([214](#)) Cf. Hes. *Op.* 582 sqq.; Ar. *Pax* 1159 sqq.

([215](#)) Dos mirtos, que frutificavam no Inverno, colhem as aves o alimento necessário à sobrevivência na estação mais dura. Julgo oportuno o comentário de Sommerstein *(op. cit.,* p. 273) relativo ao tom sensual subjacente a todo este passo. Antes de mais, a referência ao mirto (cf. *supra,* nota 28), planta sagrada de Afrodite, associada aos rituais do casamento; dos dois tipos de mirto que os antigos conheciam – de bago negro e branco –, o poeta menciona o último, aquele cuja alvura imaculada lhe vale o qualificativo de «virginal». A este mundo de doçuras vem juntar-se o jardim das Graças, promessa de novas delícias, já citado por Pi. *O.* 9. 27.

([216](#)) Banais são, na comédia antiga, os apelos aos juízes, que revestem uma vasta gama de cambiantes, que vão desde o elogio e a promessa, até à ameaça ou o protesto, ou mesmo ao simples e directo pedido de aplauso, capaz de compensar o artista (cf. *Nu.* 1115 sqq., 1121; Pherecr. fr. 96 K). Desta forma, o poeta empenhava-se em garantir para si, no mundo competitivo de Dioniso, o favor do público e do júri, manifestado na palma da vitória.

([217](#)) É ao mito de Páris que o coro vai buscar um termo de confronto para as ofertas que tem reservadas para o júri. Solicitado para escolher a mais bela de entre Atena, Hera e Afrodite, que procuravam suborná-lo com presentes, o filho de Príamo deu o seu voto a Afrodite, que lhe acenava com a posse de Helena.

Da exploração deste mito na literatura grega, são exemplo o retomar do motivo em vários passos líricos de Eurípides *(Hec.* 644-646, *Hel.* 357-359, 676, 678, *I. A.* 180 sqq., 573 sqq.), além de duas belas cenas decorativas da criação do mesmo trágico *(Andr.* 274-292, *I. A.* 1284-1309). Sobre a tradição épica do julgamento de Páris, *vide* P. Walcot, «The judgement of Paris», *G&R* 24, 1977, pp. 31-39. A cerâmica grega abona igualmente a popularidade do motivo: cf., *e.g.,* Beazley, *ARV* I, 406. 8, 459. 4, 503. 20, 653. 6.

([218](#)) Ou seja, moedas de prata extraídas das minas do Láurion (cf. *supra,* v. 593, nota 101) e cunhadas com a coruja de Atena, símbolo da cidade. Estas moedas eram vulgarmente conhecidas por γλαῦκες «corujas» (cf. Plu. *Lys.* 16.2), à semelhança dos πῶλοι de Corinto (que representavam o cavalo Pégaso), ou das χελῶναι de Egina (cunhadas com uma tartaruga).

casas com um telhado tipo águia(²¹⁹). Se vos cair em sorte um cargozeco de trazer por casa(²²⁰), e quiserem deitar as unhas a qualquer coisa, nós passamo-vos para as mãos um falcãozinho dos finórios(²²¹). Se forem a uma jantarada, é um papo que vos mandamos de presente. Mas se nos não derem o prémio, mandem fazer um disco
1115 de bronze para trazerem convosco, como usam as estátuas(²²²). Acautele-se aquele que não tiver o tal disco. Num belo dia em que ande de fatinho branco, será o momento da nossa vingança: toda a passarada lhe há-de fazer em cima.

PISTETERO

O sacrifício, aves, é-nos favorável. Mas, da muralha, nenhum men-
1120 sageiro chegou ainda, para nos informar do que se passa por lá. Olha, aí vem um a correr de tal maneira, que até deita o Alfeu pela boca(²²³).

PRIMEIRO MENSAGEIRO *(ofegante)*

Onde é que ele está? Onde? Onde? Onde está? Onde está Pistetero, o nosso chefe?

PISTETERO

Estou aqui.

(²¹⁹) «Tipo águia» era, metaforicamente, o nome dado ao telhado com inclinação e rematado por frontões, que sugeria uma águia de asas abertas (cf. Gal. 18 (1). 519). Este remate de edifício era típico da arquitectura de templos, mas não das habitações.

(²²⁰) A nomeação dos magistrados, na Atenas clássica, fazia-se, em boa parte, por sorteio. Este sistema, ainda que não inovador, ampliou-se, ao longo do século V em plena expansão do regime democrático, a todos os cargos que não exigissem habilitações específicas. Sobre os inconvenientes e os resultados práticos deste modelo administrativo, cf. G. Glotz, *La cité grecque,* Paris, 1968, pp. 219-224; J. W. Headlam, *Election by lot in Athens,* revis. by D. C. MacGregor, Cambridge, ²1933.

(²²¹) Sobre o falcão, como símbolo de rapacidade, cf. *supra,* v. 516 e nota 81.

(²²²) Estes discos em bronze, afixados nas cabeças das estátuas, destinavam-se a preservá-las da chuva e da sujidade dos pássaros.

(²²³) Como o Alfeu era o rio em cujas margens se situava Olímpia, «deitar o Alfeu pela boca» significava «arfar como um atleta olímpico». Outras expressões idênticas se encontram em *Lys.* 276 e *Ra.* 1016.

Está pronta a muralha.

P.M.

Boa notícia!

PISTETERO

P.M.

Saiu obra apurada! Um trabalho perfeito! De tal maneira que, em 1125
cima dela, Proxénides da Parlapatónia e Teógenes(²²⁴), com dois
carros atrelados a cavalos tão avantajados que nem o de Tróia(²²⁵), se
podiam cruzar, tão grande ela é!

PISTETERO

Poça!

P. M.

De altura tem 100 metros, que eu medi-a(²²⁶). 1130

PISTETERO

Caramba! Enorme, de facto! Quem se encarregou da construção de
uma coisa assim?

(²²⁴) Proxénides, o gabarolas, é troçado igualmente em *V.* 325 sqq. Teleclides (fr. 18 K) censura-lhe o aspecto pouco cuidado.
Sobre Teógenes, cf. *supra,* vv. 822 sqq. e nota 146.

(²²⁵) A menção de um cavalo de pau de grandes dimensões tinha, segundo o escoliasta, neste ano de 414, uma referência próxima: no ano anterior fora colocada, sobre a Acrópole, uma enorme estátua de bronze representando o cavalo de Tróia, oferta votiva de um tal Queredemo a Ártemis (cf. IG, I² 535; Paus. 1. 23. 8).

(²²⁶) Parece haver nestas palavras a intenção paródica de aludir a Heródoto (2. 127), que afirmava ter medido a altura das pirâmides do Egipto. De resto, a descrição das proporções da nova cidade lembra a que Heródoto (1. 178. 3, 1. 179. 3) fizera dos muros da Babilónia.

P.M.

As aves, mais ninguém. Nem havia Egípcios a carregarem tijolos(²²⁷),
1135 nem pedreiro, nem carpinteiro: foram elas que fizeram, tudo por suas mãos, e deixaram-me de boca aberta. Da Líbia vieram aí uns 30 000 grous, que tinham engolido as pedras para os alicerces(²²⁸). Foram os
1140 codornizões que as partiram à bicada. Outras modelavam os tijolos, aí umas 10 000 cegonhas(²²⁹). A água traziam-na, lá de baixo, até às alturas, as tarambolas e outras aves de rio.

PISTETERO

E quem lhes chegou a argamassa?

P.M.

As garças, em gamelas.

PISTETERO

Em gamelas? E como é que a metiam lá dentro?

P.M.

Aí, meu filho, é que elas inventaram um processo verdadeiramente
1145 sofisticado. Os gansos metiam as patas na argamassa, como se fossem pás, para a passar para as gamelas.

PISTETERO

Quem tem «patas» é que toca viola(²³⁰)!

(²²⁷) Os Egípcios representavam, para os Gregos, um povo forte, capaz de carregar enormes pesos (cf. *Ra.* 1405 sqq.), e ligado à construção de edifícios enormes, como as pirâmides.

(²²⁸) Aristóteles *(HA* 597b 1-3) refuta a crença segundo a qual os grous, antes de iniciarem as suas migrações, engoliam pedras, ou como alimento, ou como contrapeso para se defenderem do vento.

(²²⁹) Sobre os alicerces de pedra erguiam-se paredes de tijolo (X. *An.* 5. 2. 5).

(²³⁰) Segundo o escoliasta, esta frase é uma adaptação paródica do provérbio: «que será que as mãos não são capazes de fazer?». Da ideia de que as mãos são aptas para

P.M.

Bom, caramba, e havia os patos, de avental posto, que carregavam os tijolos. Lá em cima, voavam as andorinhas, com a colher de trolha atrás das costas(²³¹), à laia de serventes, e a argamassa no bico. 1150

PISTETERO

Quem iria, num caso desses, pagar a assalariados? Ora vejamos: que mais ainda? A parte das madeiras, na muralha(²³²), quem é que se encarregou de a fazer?

P.M.

Também os carpinteiros, aliás excelentes, eram aves: os pica--paus(²³³). Foram eles que, à bicada, rasgaram as portas. O barulho que faziam com os bicos mais parecia um estaleiro. Pois bem, neste momento está tudo guarnecido de portas e ferrolhos e protegido em toda a volta. Está-se a fazer a ronda com as campainhas(²³⁴), há sentinelas de plantão por todo o lado e fachos nas torres. Olha, vou numa corrida tomar o meu banho(²³⁵). Trata tu do resto. *(sai apressado)* 1155 1160

---

a realização de qualquer tarefa, de que a capacidade de execução se encontra nas mãos, procurei estabelecer, na tradução, um jogo de palavras semelhante com a expressão, de sentido idêntico, «quem tem unhas é que toca viola».

(²³¹) Adoptei a interpretação do escoliasta, que entende ὑπαγωγεύς como «colher de trolha» (cf., de resto, Liddell-Scott, *s. v.*). No contexto em que se encontra, esta referência parece aludir à cauda bifurcada da andorinha, como antes o avental branco referia a mancha branca da plumagem do papo, nos patos, que se prolonga até ao pescoço. Por outro lado, a imagem da andorinha que, qual servente, chega a massa para a construção, assenta bem na visão tradicional da ave que leva no bico terra e lama para construir o ninho. No mesmo sentido se encaminha a interpretação de Taillardat, *op. cit.,* p. 39.

(²³²) Ou seja, portas e parapeitos.

(²³³) O grego obtém aqui um efeito de linguagem que se perde na tradução e que assenta na semelhança entre os vocábulos πελεκᾶς «pica-pau» e πέλεκυς «machado».

(²³⁴) Cf. *supra*, vv. 841 sqq.; as ordens aí dadas estão, neste momento, já cumpridas.

(²³⁵) Além de ser uma justificação dramática para a saída da personagem, esta urgência em ir tomar banho tem potencial cómico. Naturalmente que um mensageiro que percorre os caminhos do firmamento não chega empoado e sujo, como quem calcorreia os caminhos poeirentos da terra.

CORO *(a Pistetero, que parece atordoado)*

1165 Ei! Então? Surpreende-te que a muralha tenha sido construída em tão pouco tempo?

PISTETERO

Se surpreende! E não é para surpreender? Até parece mentira! *(ao aperceber-se da aproximação de um guarda)* Olha, aí está um guarda que nos traz notícias de lá, em ar de bailarino de pírrica([236]).

SEGUNDO MENSAGEIRO *(que entra em corrida)*

1170 Ai, ai! Socorro! Socorro!

PISTETERO

Que há?

S. M.

Aconteceu-nos uma coisa terrível. Um deus, lá da corja de Zeus, acaba de voar para o céu, através das nossas portas, sem que os gaios que estão de quarto de dia tenham dado por isso.

PISTETERO

1175 Que patifaria! Ousadia sem limites! E que deus era esse?

S. M.

Não fazemos ideia. Asas tinha, isso pelo menos sabemos.

([236]) Taillardat *(op. cit.,* p. 165) aproxima esta expressão πυρρίχην βλέπειν, de ocorrência única neste passo, de Ἄρη βλέπειν («com cara de Ares»), que se aplica aos intrépidos. Como a pírrica era uma dança guerreira, os seus dançarinos tinham igualmente um ar belicoso e aguerrido (cf. *schol. ad loc.).* Cf. *Nu.* 988 sqq., onde são referidos os bailarinos da pírrica, que dançavam nas Pan-Ateneias, brandindo com energia um escudo, enquanto saltavam e avançavam em largas passadas.

PISTETERO

Não se deveria ter-lhe posto logo uma patrulha no encalço?

S. M.

Lá pôr, pusemos 30 000 falcões(²³⁷) da cavalaria dos archeiros. Toda a tropa, que tem unhas curvas, está em marcha, francelhos, busardos, abutres, toupeirões, águias. Todo o céu está revolto com o ímpeto e o silvo das asas, enquanto se procura o tal deus. Ele não está longe. Deve andar aí pelas redondezas. (o *mensageiro parte.*)   1180   1185

PISTETERO

É preciso deitar mão a fisgas e arcos. Venham cá todos, ordenanças e tudo(²³⁸). Atirem! Batam! Passem-me uma fisga.

CORO

Uma guerra estala, uma guerra indescritível, entre mim e os deuses. Vamos, todos, vigiem o céu nebuloso, que Érebo gerou(²³⁹). Que nenhum deus possa passar por aqui às escondidas! Cada um olhe à sua volta com olhos de ver. Porque, aqui bem pertinho, já se ouve um barulho de asas, como de um deus a voltejar nas alturas.   1190   1195

(²³⁷) A designação genérica de ἱέραχας «falcões», aplicada a uma grande variedade de aves de rapina de pequeno porte, se não é correcta do ponto de vista zoológico, talvez tenha uma justificação filológica. Segundo Van Leeuwen *(Aves,* p. 183), a palavra ἱέραχας é escolhida por sugerir Θρᾶχας, cujos ἱπποτοξότας «archeiros a cavalo» eram bem conhecidos dos Atenienses (Th. 2. 96. 1; X. *Mem.* 3. 3. I).

(²³⁸) Neste momento de emergência, Pistetero apela a todas as forças disponíveis. Para além de uma significação genérica de «servo, criado», ὑπηρέτης refere, num contexto militar, o «ordenança», aquele que presta serviço junto do guerreiro, para lhe transportar as bagagens ou preparar refeições, por exemplo (X. *Cyr.* 2. 1.31; Th. 3. 17. 3).

(²³⁹) Sobre o Érebo, cf. *supra,* nota 113.

PISTETERO *(interrompendo o voo de Íris)*

1200 Ei, tu, para onde vais a voar? Não saias daí! Calma, alto lá! *(Íris fica suspensa e silenciosa)* Quem és tu? Donde vens? Tens de dizer de onde vens a voar.

ÍRIS [240]

Venho da morada dos deuses, do Olimpo.

PISTETERO

Como te chamas? Navio ou barrete [241]?

ÍRIS

Sou Íris, a veloz [242].

PISTETERO

Páralo ou Salamínia?

ÍRIS

1205 Que é isso?

---

[240] Íris, a mensageira alada dos deuses (cf., *e.g., Il.* VIII. 397 sqq., 409, XXIV. 143-145, 159, 169), aparece a voar sobre a μηχανή, com um arco-íris na cabeça. Interrompida no seu voo, mantém-se suspensa no ar.

[241] As duas hipóteses de nome aventadas, infere-as Pistetero do exterior da figura que tem diante dos olhos: «navio», porque as asas a assemelham ao velame; «barrete» porque traz na cabeça a auréola do arco-íris.

[242] Íris identifica-se com o nome e o epíteto que lhe pertence em Homero *(Il.* VIII. 399, XXIV. 144); ταχεῖα no entanto, era o qualificativo comum para navios velozes (cf. *Eq.* 1071; Hdt. 8. 23. 5; Th. 6. 43), o que justifica que os navios *Páralo* ou *Salamínia* tenham vindo à ideia de Pistetero (cf. *supra,* nota 24).

PISTETERO

Não haverá por aí um penis...cano(²⁴³) que lhe caia em cima e lhe file as unhas?

ÍRIS

Deitar-me as unhas? A mim? Que conversa é essa?

PISTETERO

Vais ver como elas te mordem!

ÍRIS

Estranha, esta história toda!

PISTETERO

Por que porta entraste nas nossas muralhas, desgraçada?

ÍRIS

Sei lá, ora essa! Por que porta é que passei?! 1210

PISTETERO *(ao Coro)*

Estás a ouvir como ela se faz de desentendida. *(a Íris)* Apresentaste-te ao comandante-chefe dos gaios? Não respondes? Tens um livre- 1215
-trânsito das cegonhas(²⁴⁴)?

(²⁴³) No grego existe um jogo de palavras com o nome do busardo, que varia entre τρίορχος e τριόρχης. Τριόρχης, por seu lado, significa também «dotado de três testículos» (τρι-ὄρχις), logo muito sensual (cf. Timae. 145). Cf. Thompson *(A glossary of Greek birds,* Hildesheim, 1966, pp. 286 sqq.) e os comentários que faz a propósito da ave e da falsa etimologia do nome que a designa. Na tradução, julguei preferível desrespeitar a exactidão na referência à ave, para explorar a possibilidade que o nome do pelicano proporcionava de sugerir o gracejo original.

(²⁴⁴) Como habitantes das muralhas (cf. *supra,* nota 150), as cegonhas eram guardiãs naturais da entrada na cidade.

ÍRIS

Que disparate é esse?

PISTETERO

Tens ou não tens?

ÍRIS

Estarás bom da cabeça?

PISTETERO

Não estava lá, ao menos, uma ave-chefe para te pôr um carimbo?

ÍRIS

Não, que ideia! Ninguém me pôs carimbo nenhum, meu caro.

PISTETERO

E é assim, não é? Pões-te a voar, sem dar cavaco, no céu de uma cidade estrangeira?

ÍRIS

Mas então por que outro caminho hão-de voar os deuses?

PISTETERO

1220 Sei lá, ora essa(245)! Por aqui é que não é com certeza! O que quer dizer que estás em transgressão. Fazes tu a mínima ideia de que te podiam ter deitado a mão, e com todo o direito – a mais Íris de todas as Íris(246)! – e dado cabo de ti, se te tivessem tratado como tu merecias?

---

(245) Com ironia, Pistetero repete as palavras de Íris no v. 1210.
(246) O plural, aplicado a uma deusa que é única, contém uma nota fortemente irónica.

ÍRIS

Mas eu sou imortal!

PISTETERO

Pois davas o triste pio na mesma. Porque era o cúmulo da humilhação para nós – julgo eu –, se num momento em que temos o governo de tudo nas mãos, vocês, os deuses, se ficassem marimbando e não reconhecessem que chegou a vossa vez de obedecerem aos mais fortes. Ora diz-me cá uma coisa: onde é que tu vais a voar com este par de asas? 1225

ÍRIS

Eu? Vou ao encontro dos mortais, da parte do meu pai([247]), para lhes dizer que façam sacrifícios aos deuses olímpicos, que imolem, nos altares, cabras e bois, e encham as ruas do fumo das carnes. 1230

PISTETERO

Aos deuses, dizes tu? A quais?

ÍRIS

Quais? A nós, os deuses do céu.

PISTETERO

Deuses? Vocês? 1235

ÍRIS

É boa! Que outros deuses havia de ser?

([247]) Nas cosmogonias tradicionais, Íris descende dos deuses pré-olímpicos e é seu progenitor Taumante (Hes. *Th.* 265 sqq.), filho da Terra e do Mar (Hes. *Th.* 233 sqq.). Em *As Aves,* a deusa apresenta-se como mais ligada à geração olímpica dos deuses e descendente directa do próprio Zeus (cf. v. 1259).

PISTETERO *(com solenidade)*

As aves são, neste momento, as divindades dos mortais. É às aves que eles têm de sacrificar, e não a Zeus, valha-me Deus!

ÍRIS *(em ritmo trágico)*

Ah! Louco! Louco([248])! Não provoques a ira terrível dos deuses.
1240 Lembra-te de que a justiça divina, com o alvião de Zeus, pode fazer de toda a tua raça uma ruína. Que a chama não reduza a cinzas o teu corpo e o recinto da tua casa, num golpe à Licímnio([249])!

PISTETERO

Ouve lá, menina! Deixa-te de bazófias! Tem calminha. Vamos lá
1245 a ver. Julgas que me assustas com esse paleio, nem que fosse um lídio ou um frígio([250])? Fica a saber que se Zeus me chateia mais, a sua mansão e a morada de Anfíon sou eu que as reduzo a cinzas, com
1250 águias incendiárias([251]). Mando para o céu, para o atacarem, uns 600

([248]) O tom e a linguagem da fala de Íris são manifestamente trágicos. A exclamação ὦ μῶρε, aqui geminada, aparece em S. *O. C.* 592; κινεῖν, cf. S. *Tr.* 974 sqq.; E. *Med.* 99; a μάχελλα Διός é referida em A. *Ag.* 526; πανώλεθρον tem ocorrências em A. *Ch.* 934, *Eu.* 552; S. *El.* 1009, *Aj.* 839; ao vocabulário de Eurípides pertence o verbo καταιθαλέω *(Supp.* 640, *Tr.* 60), como o substantivo περιπτυχαί *(Hec.* 1015, *Ph.* 1357).

([249]) Licímnio, meio-irmão de Alcmena, mãe de Hércules, foi motivo para produções trágicas de Eurípides e Xénocles. Como não parece ter havido, na peça euripidiana para nós perdida, qualquer cena importante em que uma personagem fosse fulminada pelo raio, a leitura desta alusão tem de fazer-se numa outra perspectiva. Parece oportuna a sugestão de Sommerstein *(op. cit.,* p. 281), que recorda a cena mais famosa ligada ao destino de Licímnio, o derradeiro momento da sua existência: o herói perecera vítima de uma paulada que, por inadvertência ou ira, lhe foi desfechada pelo sobrinho, Tleptólemo *(Il.* 11. 661-663; Pi. *O.* 7. 27-31). Assim, «um golpe à Licímnio» será simplesmente um golpe destruidor, que liquida sem apelo.

([250]) Ou seja, bárbaro, ignorante e provavelmente escravo, homem a quem todas as injúrias e ameaças são devidas. A expressão é retomada de E. *Alc.* 675 sqq.

([251]) De novo se impõe o motivo da paródia trágica. Desta vez, segundo informação do escoliasta, é a *Níobe* de Ésqquilo (fr. 160 Radt) que está na mira da comédia. No entanto, a mesma linguagem reaparece em S. *Ant.* 2, 1155. A menção de Anfíon, marido de Níobe, não traz ao passo nenhum outro contributo que não seja carregar--lhe as cores trágicas e orientar o espírito do público na recepção do motivo paródico.

porfírions ou mais, vestidos de peles de pantera. Já de uma vez um Porfírion, e era só um, lhe deu que entender(²⁵²). E tu, se me chateias muito, sua mensageira de uma figa, és a primeira a ver como é! Abro--te essas pernas e espeto-te que é uma beleza! A ti, pois, Íris em carne e osso! Vais pasmar, quando vires um velho como eu a apontar três vezes o esporão. 1255

ÍRIS

Ora o fulano! Raios te partam mais esse palavreado!

PISTETERO

Toca a andar! Depressinha! *(a enxotá-la)* Xô! Xô!

ÍRIS

O meu pai se encarregará de pôr fim a essa tua insolência.

PISTETERO *(irónico)*

Ai que medo que eu tenho! E se te pusesses a voar daqui para fora e fosses «reduzir a cinzas»(²⁵³) *outro* mais novato? *(Íris afasta-se)* 1260

CORO

Liquidámos os filhos de Zeus. Aos deuses está interdito atravessarem a nossa cidade. Como também, na terra, está vedado aos mortais 1265

Ao deus supremo, Pistetero ameaça com as águias incendiárias, que se são, no espírito do chefe da Nefelocucolândia, as tropas de elite do exército das aves, representam para os ouvidos divinos um desafio contra Zeus através das águias, suas tradicionais aliadas (cf. *Pax* 722).

(²⁵²) Mais uma referência à Gigantomaquia retoma o motivo do v. 553 (cf. nota 89), jogando com porfírion, nome de uma ave e de um dos Titãs inimigos de Zeus. Os porfírions, pela cor sarapintada da plumagem, parecem vestidos de pele de pantera. Recordemos, com Van Leeuwen (*op. cit.*, p. 194), que os Titãs em luta com os Olímpicos, na Gigantomaquia, eram muitas vezes representados, plasticamente, cobertos de peles de animais, numa sugestão de poder e ferocidade.

(²⁵³) Pistetero retoma, por ironia, a palavra ameaçadora de Íris (cf. vv. 1242, 1248). Segundo o escoliasta, a palavra ganha neste contexto uma carga erótica.

mandarem às divindades, através deste território, a mais leve sombra de fumo dos sacrifícios.

PISTETERO *(com os seus botões)*

1270   Estranho! Será que esse arauto enviado aos mortais nunca mais volta([254])?

ARAUTO *(que chega a correr, com uma coroa dourada na mão)*

Pistetero! Oh felizardo! Homem de tutano! Corre longe a tua fama! Homem de tutano, sim! Rei dos finórios! Felizão! Ó... *(mais baixo)* então a minha deixa([255])?

PISTETERO

Que estás a dizer?

ARAUTO *(que lhe oferece a coroa)*

1275   Esta coroa de ouro([256]) que aqui vês, prémio da tua sabedoria, é um presente e uma homenagem de todos os povos.

([254]) Cf. *supra,* vv. 843 sqq. Do arauto enviado aos deuses não se fala mais, uma vez que a informação que dramaticamente lhe incumbia foi desempenhada, diante do público, por Pistetero na cena com Íris.

([255]) O verbo κατακελεύειν significa «dar voz de comando» e é usado, em *Ra.* 207, para «dar um sinal com a voz», a marcar o momento da partida de um barco. Julgo particularmente interessante a leitura que Sommerstein *(op. cit.,* pp. 282 sqq.) faz da ocorrência do verbo neste passo: depois de esgotar uma longa série de superlativos encomiásticos, o arauto pede ao comparsa que lhe «dê o sinal» para terminar as saudações e passar às notícias que traz. Pode haver implícita uma alusão à realidade dramática, como se o arauto pressionasse o actor/Pistetero a dizer as palavras que lhe cabiam neste momento, para que o diálogo pudesse continuar com o guião.

([256]) A coroa de ouro era a distinção máxima concedida aos cidadãos beneméritos da pátria (Th. 4.121. 1). Tal homenagem veio a perder muito do seu significado, quando se tornou, durante o século IV a. C., uma condecoração vulgar (Aeschin. 3.177--187; D. 18. 120).

PISTETERO

Aceito-a. Mas porque é que os povos me prestam esta homenagem?

ARAUTO

Tu, o fundador da mais gloriosa das cidades do firmamento, não fazes ideia da consideração em que te têm os homens, nem quantos são os entusiastas por esta terra! Antes de fundares esta cidade, os homens estavam – o mal era geral – tomados de laconite aguda([257]): usavam cabeleira comprida, passavam fome, andavam sujos, armavam em Sócrates, traziam bengalinha. Hoje em dia, deram uma volta de 180°: têm a mania da passarada, a alegria deles é fazerem tudo que as aves fazem, nem mais nem menos. A primeira coisa que fazem, logo de manhãzinha, é saírem do ninho e irem, todos em bando como nós... em demanda de paparoca([258]). Então aproam na tenda... dos códigos e fazem provisão de decretos([259]). A mania que têm das aves é tão

1280

1285

1290

([257]) Havia entre os Atenienses, a nível da classe privilegiada e antidemocrática, uma certa simpatia pela sociedade espartana, cujos hábitos e modas a camada mais jovem tinha tendência para imitar (cf. Ar. *V.* 475-477; Pl. *Prt.* 342 b-c). O fenómeno não tinha, porém, o carácter epidémico que a comédia sugere. Aristófanes dá um sumário das modas espartanas mais susceptíveis de imitação: cabelos compridos (Ar. *Nu.* 836, *V.* 466; X. *Lac.* 11.3), uma alimentação extremamente sóbria (X. *Lac.* 2. 5-6, 5. 3), aspecto exterior pouco lavado (Ar. *Nu.* 837, *Lys.* 279 sqq.). Deste modelo se faz paradigma Sócrates, não tanto por eventuais ligações pró-espartanas, mas antes porque determinados hábitos de vida o aproximavam deste padrão: o seu aspecto tinha algo de famélico (Ar. *Nu.* 175, 185 sqq., 416, 441 sqq.; Ameips. fr. 9 K; X. *Mem.* 1.6.2; Pl. *Smp.* 174 a) e pouco lavado *(Nu.* 837, *Av.* 1554 sqq.; X. *Mem.* 1.6.2; Pl. *Smp.* 174 a).

Finalmente o toque espartano é também dado pela bengala de cabo retorcido (Ar. *Lys.* 991; X. *HG* 3.3.8).

([258]) Julgo que com a tradução «em demanda de paparoca» se pode, de alguma forma, sugerir o efeito que o original obtém entre ir em busca de alimento (νομός) e de demandas, questões judiciárias (νόμος), explorando o sentido duplo de demanda, «busca» e «processo judicial». Cf. vv. 1343, 1346.

O arauto retoma a denúncia da mania dos Atenienses por processos, que fora determinante para que os nossos dois heróis procurassem o exílio (vv. 39-41, nota 8).

([259]) Todo o passo estabelece um paralelo entre as aves e os homens. As primeiras abandonam o ninho, mal o sol raia, para descerem à procura de alimento; os Atenienses saem... do ninho, também cedo; e, como as aves, voam céleres para a ágora, em busca de um petisco. Mas, em vez de se dirigirem ao sector das bancas de alimentos (cf. *Eq.* 857, *V.* 789, *Ra.* 1068), é para o lado dos βιβλία que se encaminham. Aí, adqui-

evidente que já, a muitos deles, puseram nomes de pássaros: perdiz, é como é conhecido um taberneiro coxo(²⁶⁰); a Menipo, chamaram andorinha(²⁶¹); a Opúncio, corvo cegueta(²⁶²); a Fílocles, cotovia(²⁶³); a Teógenes, tadorno(²⁶⁴); a Licurgo, íbis(²⁶⁵); a Querefonte, morcego(²⁶⁶);

---

rem, em folhetos (cf. vv. 1035 sqq.), cópias dos decretos aprovados na assembleia, que os interessados podiam comprar para consulta pessoal. Depois de saciados dessas leituras, convertem-se em verdadeiros *placards* ambulantes de legislação *(Nu.* 447).

(²⁶⁰) Cf. *supra,* vv. 766 sqq. e nota 136.

A aproximação entre o taberneiro coxo e uma perdiz justifica-se pela crença, que os antigos tinham, de que este animal dispunha de um truque para proteger os filhos da perseguição dos caçadores (Arist. *HA* 613 b 17-24): a mãe perdiz fingia coxear, atraindo a si a atenção dos perseguidores, como presa fácil, para dar aos filhos ocasião de escaparem.

(²⁶¹) Taillardat *(op. cit.,* pp. 299 sqq.) lembra como os Gregos atribuíam à andorinha um chilreio dissonante e bárbaro (Nicostr. fr. 27 K). Assim os maus poetas de tragédia que chilreiam na cena de Dioniso *(Ra.* 93), ou os políticos palavrosos, sobretudo de origem bárbara, a falarem, sem pejo, um grego estropiado *(Ra.* 679 sqq.). Estas – tagarelice e origem estrangeira – seriam possivelmente «as prendas» que valeram a Menipo a alcunha de «andorinha». Van Leeuwen *(Aves,* p. 200) identifica esta personagem com um político, que, em 415, se evidenciou na tentativa de esclarecer o famoso caso da mutilação dos Hermes (Andoc. 2. 23-24).

(²⁶²) Cf. *supra,* vv. 153 sqq. e nota 27.

(²⁶³) Cf. *supra,* vv. 281 sqq. e nota 45.

(²⁶⁴) Cf. *supra,* vv. 822 sqq., 1127 e nota 146. Χηναλώπηξ «tadorno» é o nome dado a um ganso de proveniência egípcia (cf. Hdt. 2. 72; Ael. *NA* 5. 30), etimologicamente conhecido como «ganso-raposa»: ganso pela semelhança com este animal e hábitos aquáticos, raposa pelo costume de viver em luras. A presença do substantivo ἀλώπηξ «raposa» neste composto dá-lhe o sentido de πανοῦργος «aldrabão», de que este animal é o símbolo (cf. Taillardat, *op. cit.,* pp. 227 sqq.). Teógenes é, portanto, manhoso como a raposa, e gabarola, bico-aberto como o ganso.

(²⁶⁵) Licurgo, para nós um desconhecido, recebeu a alcunha de íbis, uma ave sagrada entre os Egípcios (Hdt. 2. 75 sqq.; Pl. *Phdr.* 274 c). Assim a associação entre Licurgo e o Egipto é clara, embora o escoliasta hesite em definir os termos em que ela se concretiza, por descendência ou por hábitos *(schol. Av.* 1294). Pherecr. fr. 11K parece apoiar a primeira hipótese, Cratin. fr. 30 K a segunda.

(²⁶⁶) Em *Nuvens* (cf. vv. 104, 144-164, 830 sqq., 1465-1467), Aristófanes fixou caricaturalmente a ligação de amizade e apreço de Querefonte em relação a Sócrates, fazendo do primeiro o braço direito do mestre do Pensadoiro e um paradigma dos hábitos dos seus discípulos. O mesmo apreço testemunha-o Platão *(Ap.* 21 a) ao relatar a consulta feita por Querefonte ao oráculo de Delfos, a quem perguntava se existiria à face da terra homem mais sábio que Sócrates. O aspecto enfermiço e pálido característico dos discípulos do Pensadoiro *(Nu.* 503 sqq.), é, de novo, atribuído a Querefonte em *V.* 1412-1414. Pálido, pouco afeito à luz do dia *(Nu.* 103 sqq.; Ar. fr. 573 K), Querefonte foi alcunhado de morcego (cf. *infra,* v. 1564). A comédia satiriza-o ainda como ladrão (Ar. fr. 291 K), parasita (Eup. fr. 165 K) e delator (Ar. fr. 539 K).

a Siracósio, pega(²⁶⁷). A Mídias chamam codorniz: é que ele mais parece uma codorniz que levou na tola um golpe de mestre(²⁶⁸). Por amor às aves, todos cantam melodias, onde entram a andorinha, 1300 o pato bravo, o ganso ou a pomba(²⁶⁹), um par de asas ou, na pior das hipóteses, meia dúzia de penas. Agora lá em baixo é assim. E digo-te 1305 uma coisa: vêm de lá, a caminho, para cima de 10 000 pessoas, para te pedirem asas e garras curvas. É preciso, portanto, desencantar, em qualquer lado, asas para esses imigrantes. (o *arauto parte*).

PISTETERO

Se é assim, caramba, é tempo de tratarmos de vida. *(a um escravo)* Tu aí, depressinha! Enche de asas cestas e gigos, quantos houver. O 1310 Manes(²⁷⁰) que me traga as asas cá para fora. Quando essa gente chegar, vou estar aqui para os receber.

(Durante a intervenção do Coro,
os escravos executam as ordens dadas).

(²⁶⁷) A pega é tomada como símbolo da tagarelice. Por idênticos motivos, Siracósio é de novo atacado por Eup. fr. 207 K, que o imagina como um cão, que, sobre a tribuna, dá voltas e ladra. Da sua actividade política, Siracósio deixara nos poetas cómicos uma triste recordação. Segundo o *schol. Av.* 1297, em 414 a. C., os comediógrafos viram interditado o ataque nominal por um decreto da autoria daquele político. Contra ele se insurge Frínico (fr. 26 K), contestando a proibição que o impede de «gozar quem lhe der na real gana».

(²⁶⁸) O visado é agora Mídias, uma das vítimas habituais da comédia; uma certa rudeza e o gosto pelas lutas de galos e pelo jogo das codornizes foram motivo de inúmeras alusões paródicas (cf. Pl. Com. frs. 80, 108 K; Phryn. Com. frs. 4, 41). Aristófanes alcunha-o de «codorniz», não porque ele seja pequeno ou aguerrido (cf. *Pax* 789 sobre os filhos de Cárcino), antes porque parece tonto e apalermado como uma codorniz, no decorrer de um jogo em que ela era protagonista. Tal disputa opunha dois contendores, que colocavam, cada um, uma codorniz dentro de um círculo e aí a agrediam na cabeça, com um dedo ou um pauzinho. A vitória penderia a favor daquele cuja codorniz resistisse mais tempo sem sair do círculo (Eup. fr. 250 K; Poll. 9. 102).

(²⁶⁹) Van Leeuwen *(op. cit.,* p. 203) recorda algumas canções populares ou poesias de líricos famosos que, de facto, referem estas aves. É o caso da andorinha, a anunciadora da Primavera, cf. Simon. fr. 597 P; Ar. *Eq.* 419; ou o pato bravo, Alceu fr. 345 L.-P. De resto, as personagens que em breve chegarão à Nefelocucolândia vêm a entoar algumas destas canções (vv. 1337-1339, 1372 sqq., 1410-1412).

(²⁷⁰) Manes parece ser uma forma abreviada de Manodoro, escravo mencionado no v. 657. Aliás, a comédia oferece outros exemplos de variantes sobre os nomes: *Ach.* 861, 954.

CORO

1315 Não tarda que alguém se lembre de chamar a esta cidade «rica em homens»([271]). Que a sorte nos favoreça, ao menos. Não faltam apaixonados pela minha cidade.

PISTETERO *(a Manes, que traz mais um cesto)*

Mais depressa, vamos! Traz lá isso. Rápido!

CORO

1320 Aliás, que atractivo lhe falta para chamar habitantes? Sabedoria, tem-na ela, Amor, as Graças imortais e da doce tranquilidade o rosto sereno([272]).

PISTETERO *(de novo ao escravo)*

Que moleza a fazeres o serviço! E se te despachasses?

CORO

1325 Tragam cá, depressa, um cesto de asas. *(a Pistetero)* Tu, aí, vê se o espevitas com uma carga de pau, assim! É pachorrento que nem uma mula.

PISTETERO

Tens razão. É uma nulidade este Manes. (o *escravo foge, perseguido pela ameaça de pancadas)*

([271]) Talvez este composto πολυάνωρ represente uma alusão a Eurípides *(I. T.* 1281), uma vez que a ocorrência da palavra na língua, para além destes dois passos, é escassa.

([272]) Cf. Ar. *Pax* 456; E. *Ba.* 414 sqq. Sommerstein *(op. cit.,* p. 287) chama a atenção para o contraste divertido entre as palavras do Coro, que caracteriza a nova cidade como doce e serena, cortadas pelos berros ameaçadores de Pistetero enfurecido com a lentidão do escravo.

CORO *(a Pistetero)*

Tu, trata de me pôr essas asas em ordem. Musicais todas juntas, proféticas para um lado, marinhas para outro. A partir daí, é preciso aplicá-las a cada um com critério, de acordo com a respectiva maneira de ser. 1330

PISTETERO *(deparando com o escravo que volta com outro cesto)*

Ah não, valham-me os francelhos! Não aguento mais ver-te nessa preguiça. Ronceiro dos demónios! *(bate no escravo que foge; entra o Parricida.)* 1335

PARRICIDA

Ah se eu fosse uma águia de altos voos e planasse sobre as ondas cerúleas do mar estéril([273])!

PISTETERO

Parece que não eram falsas as notícias do Mensageiro. Aqui vem um com uma cantiga que fala de águias. 1340

([273]) O escoliasta identifica estes versos como citação de uma tragédia perdida de Sófocles (fr. 476 Radt). De resto, linguagem e motivos poéticos são da melhor tradição literária. Assim: ὑψιπέτης como qualificativo da águia ocorre em Homero *(Il.* XII. 201, 219, *Od.* XX. 243); e aplicado aos ventos, em Pi. *P.* 3. 105. O motivo da aspiração de ser ave, para se erguer no céu, como uma forma catártica de escapar à desgraça, é lugar-comum entre as personagens trágicas, particularmente euripidianas *(Andr.* 861, *Hel.* 1478 sqq., *Ion* 796 sqq.; cf. ainda S. *O. T.* 1081 sqq.).

A descrição da paisagem marinha é igualmente convencional: ἀτρύγετος é um epíteto vulgar em Homero para o mar *(e.g., Il.* I. 316, *Od.* 11. 370), como homérico é também o qualificativo cromático γλαυκός (cf. P. G. Maxwell-Stuart, *Studies in Greek colour terminology:* Γλαυκός I, Leiden, 1981). Por fim, οἶδμα é vulgar na épica e na tragédia: cf., *e.g., Il.* XXI. 234, XXIII. 230; S. *Ant.* 337; E. *Or.* 991, *I. A.* 704.

PARRICIDA

1345 Ena pá! Não há nada melhor que voar. Estou louco pelas leis das aves. Morro de amores por elas. Quero voar, quero viver convosco, invejo as vossas leis.

PISTETERO

Leis? Que leis? São sem conta as leis das aves.

PARRICIDA

Todas elas. Mas sobretudo aquela que aprova, entre as aves, que se aperte o gorgomilo a um pai e se lhe ferrem os dentes.

PISTETERO

1350 Sem dúvida. Temos na conta de macho, a 100%, todo aquele que, ainda mal saído da casca, prega uma sova no pai[274].

PARRICIDA

Foi precisamente por isso que imigrei para aqui. Quero apertar as goelas ao meu pai para lhe apanhar os carcanhóis.

PISTETERO

No entanto, entre nós, aves, há uma lei já antiga, escrita nos edi-
1355 tais[275]) das cegonhas, e que diz: «Quando o pai cegonha tiver arranjado comida para os filhos, até os tornar capazes de voar, é então a vez dos filhotes alimentarem o pai.»

---

[274] Cf. *supra,* vv. 757-759 e nota 132.
[275] Existia, na ágora de Atenas, uma pirâmide triangular, que rodava sobre um eixo, onde estavam inscritas e publicitadas as velhas leis de Sólon (Cratin. fr. 274 K; Lys. 30. 17; Arist. *Ath.* 7. I). E já Sólon contemplava a famosa questão dos deveres filiais nos termos seguintes: «Quem não sustentar os pais, seja privado dos seus direitos cívicos» (D. L. I. 55).

PARRICIDA

Arranjei-a bonita, em ter vindo para cá, se ainda por cima tenho de sustentar o meu pai!

PISTETERO

Não, nada disso! Já que vieste com boas intenções, meu caro amigo, vou-te arranjar um par de asas de pássaro órfão([276]). E olha, rapazinho, deixa-me dar-te um conselho que não é mau de todo (também mo deram a mim quando era menino([277])): não batas no teu pai. *(entrega-lhe um escudo)* Pega nesta asa com aquela mão e *(passa-lhe a espada)* neste esporão com a outra. *(colocando-lhe o elmo na cabeça)* Faz de conta que isto aqui é uma crista de galo: fica de sentinela, alista-te no exército, governa-te com a tua soldada. E deixa o teu pai em paz. E já que és batalhador, dá uma saltada à Trácia, que tens lá muito onde te bater([278])! 1360 1365

PARRICIDA

Bolas, caramba! Acho que tens razão. Vou fazer o que dizes. 1370

PISTETERO

E fazes muito bem, podes ter a certeza.

([276]) Por condescendência para com o visitante, Pistetero decide tratá-lo como um órfão. À semelhança do que acontecia em Atenas, os filhos dos que morriam ao serviço da pátria eram educados a expensas públicas até à maioridade (Th. 2. 46) e recebiam armas por iniciativa do Estado. Em dias de representação teatral, durante as Dionísias, estes órfãos desfilavam publicamente e tinham lugares reservados no anfiteatro (Aeschin. 3. 154; Isocr. 8. 82).

([277]) O texto retoma palavras de Teógnis, vv. 27 sqq.

([278]) Na Trácia, Atenas havia de empenhar-se, no verão de 414, pouco tempo depois da representação de *As Aves,* numa campanha mal sucedida, para tomar a cidade de Anfípolis (Th. 7. 9). Possivelmente já se estaria, nesta altura, na fase de recrutamento para a expedição. Cf. H. D. Westlake, «Overseas service for the father-beater», *CR* 4, 1954, pp. 90-94.

CINÉSIAS ([279])

Em voo para o Olimpo, me ergo em leve golpe de asa. Uma após outra, as rotas das melodias percorro-as no meu voejar([280])...

PISTETERO *(à parte)*

1375 Este aqui está a pedir uma carga de asas.

CINÉSIAS

Intrépido de alma e corpo, sigo sempre um novo caminho.

PISTETERO *(dirigindo-se ao recém-chegado)*

Ora seja bem-vindo o Cinésias casca-de-árvore. Para que andas tu a tornear para torceres caminho para aqui, com esse teu pé torto([281])?

([279]) É agora o poeta Cinésias, um dos nomes mais em voga entre os cultores do ditirambo e coros cíclicos do momento, que vem à presença de Pistetero. Sobre a intervenção desta personagem no evoluir da música, cf. Pickard-Cambridge, *D. T. C.*, pp. 44 sqq. Outras referências à poesia de Cinésias em Aristófanes encontram-se em *Lys.* 838, 852, 860, *Ra.* 1437 sqq., *Geryt.* frs. 149, 150 K, *Ec.* 330. L. B. Lawler, «*Limewood* Cinesias and the dithyrambic dance», *TAPhA* 81, 1950, pp. 78-88, contempla o perfil cómico do poeta, para tentar determinar a correspondente real do retrato paródico. As críticas da comédia (cf. ainda Pherecr. fr. 145. 13-18; Pl. Com. fr. 184 K) atingem sobretudo o aspecto físico de Cinésias, alto e esqquelético, e os seus ditirambos. A mesma figura serviu, já no final do século, ao comediógrafo Estrátis como motivo de uma comédia, a que deu o seu nome; a julgar pelos poucos fragmentos conservados, os mesmos motivos da magreza do poeta e das novidades da sua produção poética eram aí explorados.

([280]) Cinésias apresenta-se, nas primeiras palavras que profere, como um espírito etéreo, que paira nas altas esferas, numa paródia de Anacreonte (fr. 52 D). M. H. Rocha Pereira *(Sobre a autenticidade do fr. 44 Diehl de Anacreonte,* Porto, 1961, pp. 19 sqq.) chama a atenção para o facto de esta ser a citação mais antiga de Anacreonte que chegou até nós.

([281]) Pistetero reproduz os gracejos habituais a respeito da magreza extrema de Cinésias (cf. *supra* nota 279). E é depois o estilo da sua poesia que o chefe da Nefelocucolândia passa a parodiar. Como já os escoliastas haviam notado, Aristófanes caricatura as expressões superabundantes, numa assonância voluntária e exagerada. Além da redundância χύxλον χυxλεῖς, a palavra χυλλόν reforça a aliteração e, ao mesmo tempo, lança no contexto a dissonância de um termo popular; o todo da

CINÉSIAS

Anseio por me transformar em ave, rouxinol de doces acentos. 1380

PISTETERO

Deixa-te de cantigas! Diz-me lá o que tens a dizer!

CINÉSIAS

Quero que me ponhas umas asas, para levantar voo, bem alto lá no céu. Vou às nuvens buscar prelúdios novos, soltos ao vento e batidos 1385 pelas neves(²⁸²).

---

expressão é paródico da dicção extravagante dos poetas nova-vaga. O sentido de χυλλόν, literalmente «coxo», será, sem dúvida, nas circunstâncias em que ocorre, pregnante. Antes de mais, o actor poderia eventualmente sugerir qualquer passo de dança, próprio dos coros cíclicos, que assinalasse «um pé coxo» e chamasse a atenção para a magreza das pernas de Cinésias. Mas, mais lógico do que esta leitura é referir o «pé coxo» a um pé métrico de constituição anticanónica e sugestiva das novidades sem conta que os ditirambistas vieram introduzir nos ritmos tradicionais (cf. gracejo semelhante em *Ra.* 1309-1328 a respeito da lírica euripidiana).

Sobre os aspectos inovadores do ditirambo, *vide* C. J. Ruijgh, «Aristophane, *Oiseaux* 1372 sqq., *Grenouilles* 1316 sqq. et le sens de πόδα χυλλόν, *Mnemosyne* 13, 1960, pp. 318-322; L. B. Lawler, *op. cit.*, pp. 81-88.

(²⁸²) Os versos de Cinésias são repletos de voos, asas, da imensidade das altas camadas nebulosas, batidas por ventos e neves (cf. *Pax* 827-831), com abundância de compostos aparatosos. Também Platão e Aristóteles se referem aos compostos como um traço de estilo característico dos poetas ditirâmbicos *(Cra.* 409 c; *Po.* 1459 a 8 sqq., *Rh.* 1406 b I sqq.). Ao pôr na boca de Cinésias uma definição de ditirambo, como tudo que é alado, etéreo, de um azul sombrio e profundo (vv. 1388 sqq.), Aristófanes parece atribuir ao género uma natureza graciosa e plena de fantasia. Os voos que Cinésias empreende pelas alturas são afinal uma exploração permanente de novos caminhos para as suas melodias (cf. o que dele diz a própria Música no fr. 145. 8-12 K de Ferécrates).

J. Defradas («Le chant des grenouilles: Aristophane critique musical», *REA* 71, 1969, p. 30) dá para ἀναβολαί um significado conforme à noção de novidade: «aplicado ao ditirambo para designar os desenvolvimentos, as variações que sobressaem, os ornamentos vários de uma música não limitada por regras fixas». Pickard-Cambridge *(D. T. C.,* p. 40), depois de atribuir a introdução de ἀναβολαί no ditirambo a Melanípides, define--as como «solos líricos sem qualquer esqquema antistrófico». Aristóteles *(Pr.* 19. 15) relaciona o abandono da forma antistrófica com o carácter mimético do moderno ditirambo, o mesmo é dizer com a expressão mais realista da emotividade.

PISTETERO

É então às nuvens que se vão buscar prelúdios?

CINÉSIAS

É precisamente delas que está suspensa a nossa arte. Porque o que brilha nos ditirambos é tudo que é «aéreo, tenebroso, cerúleo, levado
1390 em asas». Ouve só e já vais ver.

PISTETERO

Eu? Por amor de Deus!

CINÉSIAS

Por amor de Deus, o quê? Ouves pois! Que eu vou-te correr o firmamento de ponta a ponta. *(começa a cantar)* Sombras aladas, que cruzam o éter, de aves de longo colo...

PISTETERO *(que procura interrompê-lo)*

1395 Alto aí!

CINÉSIAS *(fingindo não perceber)*

Errante, no meu vaguear([283]), oxalá pudesse voar nas asas do vento...

([283]) O composto ἀλαδρόμος suscita divergências de interpretação: ou se associa o primeiro elemento da palavra com ἅλς «mar», ou com ἅλλομαι 'saltar' (cf. Bailly e Liddell-Scott). No entanto, a versão adoptada por Coulon, que liga ἀλαδρόμος a ἀλάομαι «vaguear» parece vantajosa; registe-se a aliteração e redundância que se estabelece com o particípio seguinte, sugestão caricatural do estilo dos ditirâmbicos. Sobre este assunto, *vide* A. Costa Ramalho, *Dipla onomata no estilo de Aristófanes*, Coimbra, 1952, pp. 93 sqq.; V. Coulon, «Supplément critique et exégétique au tome III de mon édition d'Aristophane», *REG* 43,1930, p.57.

PISTETERO *(ameaçador)*

C'os diabos! Deixa estar que já te faço engolir esses sopros. *(tira da cesta um par de asas e persegue Cinésias)*

CINÉSIAS *(que lhe escapa)*

... ora na direcção do Noto, ora na rota do Bóreas, sulcando o céu sem porto. Rico jogo havias tu de engendrar, meu velho! Engenho não lhe falta([284])! 1400

PISTETERO

Não és tu que gostas de «ser levado em asas»?

CINÉSIAS

Ai ele é isso? É assim que tratas um poeta de coros cíclicos como eu, que as tribos sempre disputam([285])?

PISTETERO

Queres tu ficar connosco e treinar, à custa do Leotrófides, um coro de aves voadoras, da tribo Cecrópide([286])? 1405

([284]) O jogo de cena anima-se, com Cinésias a tentar escapar a Pistetero, que o persegue com um par de asas, a procurar bater-lhe e silenciá-lo. Se recordarmos o aspecto escalavrado do poeta (cf. *supra,* nota 279), mais facilmente visualizaremos o cómico da cena. Indiferente, o ditirambista vai, em fuga, recitando versos de sua autoria, até finalmente, entre cansado e divertido, aplaudir a brincadeira. Ainda que não já citação poética, esta interrupção tem a marca da deformação profissional: mesmo ao regressar à linguagem habitual, Cinésias profere involuntariamente as repetições e figuras etimológicas (ἐσοφίσω ... σοφά) do seu ofício.

([285]) Cf. *supra,* nota 176. Como nas competições de ditirambo os coros concorriam por tribo, estas disputavam entre si o melhor poeta que as pudesse conduzir à vitória. Ainda que o processo de tiragem à sorte se tenha imposto na atribuição do poeta--ensaiador a cada tribo (Antiph. 6. 11), recorria-se por vezes a meios ilícitos (D. 21. 17) para ultrapassar um sorteio desfavorável.

([286]) Hermipo (fr. 35 K) e Teopompo Cómico (fr. 24 K) comentam a magreza de Leotrófides, da tribo Cecrópide, que o torna o digno comparsa do esqquelético Cinésias. Por outro lado, como bem comenta Cantarella *(Gli uccelli,* p. 199), a visão de tão cadavérica figura não era promissora de pingues lucros.

CINÉSIAS

Estás a mangar comigo, é evidente. Mas eu não desisto, podes ter a certeza, antes de arranjar umas asas para atravessar o céu.

(Entra um sicofanta a cantar)

SICOFANTA

1410 Que aves são estas – tesas que nem caparau –, de asas matizadas, ó andorinha de longas asas coloridas([287])?

PISTETERO *(ainda atento a Cinésias que se afasta)*

Isto é que é uma peste – e que peste! –, que nos caiu em casa! *(apercebendo-se da chegada do Sicofanta)* E já lá vem outro a lamuriar-se.

SICOFANTA

1415 «De longas asas coloridas», estás a ouvir?

PISTETERO *(à parte)*

Deve ser para a fralda da camisa que o tipo canta esta canção. Do que ele precisa é de meia dúzia de andorinhas, pelo menos([288])!

([287]) Nas palavras do Sicofanta ressoam ecos de Alceu (fr. 345 L.-P.). Segundo a leitura de um escoliasta, o Sicofanta dirige estes versos líricos à sua própria situação de visitante no reino das aves, coberto de «asas matizadas», numa imagem aplicada à túnica remendada e maltrapilha que usa. O texto seguinte (vv. 1416, 1421) parece dar força a esta hipótese.

([288]) A hipótese mais satisfatória para esclarecer o sentido pouco claro deste verso talvez seja a referência à andorinha como um símbolo da chegada da Primavera. Que alívio para um homem vestido de andrajos que mal o protegem dos frios invernais! Simplesmente como «uma andorinha não faz a Primavera» (cf. Cratin. fr. 33 K; Arist. *EN* 1098 a 18), só uma «boa meia dúzia delas» pode assegurar ao Sicofanta que melhores dias estão para chegar.

SICOFANTA

Quem é que está encarregado de fornecer asas aos que chegam?

PISTETERO

Eu mesmo. Aqui me tens. Mas afinal de que é que precisas? Ora diz lá!

SICOFANTA

Asas! Preciso de asas([289]). Nem perguntes duas vezes. 1420

PISTETERO

Estarás tu a pensar em partir, em voo directo, até Pelene([290])?

SICOFANTA

Não, nada disso. Sou oficial de justiça nas ilhas, sicofanta.

PISTETERO

Que rica profissão!

SICOFANTA

... e caçador de processos. Por isso, tenho de arranjar umas asas para dar a volta às ilhas, quando faço as notificações. 1425

([289]) As palavras do Sicofanta parodiam um passo de *Mirmidões* de Ésqquilo (fr. 140 Radt), onde talvez Aquiles, confrontado com a notícia da morte de Pátroclo, pedia, com urgência, as armas.

([290]) Terra de promissão para um mendigo esfarrapado. Nessa cidade distante da Acaia, realizavam-se uns conhecidos jogos desportivos em honra de Hermes; os seus vencedores eram galardoados com túnicas de lã (cf. Pi. *O.* 9. 98, *N.* 10. 44; Strab. 8. 7. 5). Por outro lado, a menção de Pelene recordaria a fuga recente de Diágoras para essa cidade (cf. *supra,* nota 208).

PISTETERO

E com asas notificas melhor?

SICOFANTA

Não, de maneira nenhuma. É que assim não sou incomodado pelos piratas([291]). E, no regresso, posso vir com os grous, depois de ter papado, em vez de calhaus, uma boa dose de processos([292]).

PISTETERO

1430 Esse é trabalho que se tenha, ora diz lá? Um moço da tua idade a denunciar estrangeiros?

SICOFANTA

Que hei-de fazer, se cavar não é o meu forte?!

PISTETERO

Não faltam outros trabalhos decentes, bolas, em que pode ganhar
1435 a vida honestamente um tipo da tua idade, em vez de instaurar processos.

SICOFANTA

Olha, meu caro, deixa-te de moral! Arranja-me mas é umas asas.

([291]) Desde o início da guerra do Peloponeso que o Mediterrâneo oriental se encontrava infestado de piratas, que, de resto, ambas as partes em conflito utilizavam para atingir a armada e os territórios costeiros do inimigo (Th. 2. 32, 2. 69. 1,4.53.3). A julgar por Andócides (1. 138), tornava-se muito arriscado fazer as rotas marítimas, porque um ataque pirata podia equivaler a saque das mercadorias e escravatura para os navegantes. Sobre o assunto, cf. H. A. Ormerad, *Piracy in the ancient world,* Chicago, 1967, sobretudo pp. 108-114.

([292]) Cf. *supra,* vv. 710, 1136 sqq. e nota 228.

PISTETERO

A verdade é que, por palavras, te estou a dar asas.

SICOFANTA

Como é que queres dar asas a alguém por palavras?

PISTETERO

Porque as palavras dão asas a muita gente.

SICOFANTA

Muita gente?

PISTETERO

Não tens ouvido, todos os dias, nos barbeiros[293], os pais referirem-se aos filhos desta maneira: «É extraordinário, como o Diítrefes[294], por palavras, deu asas ao meu rapaz para a equitação!» «Pois o meu», diz o do lado, «tem asas para a tragédia, é um fulano com o espírito lançado na arte». 1440 1445

SICOFANTA

Quer dizer então que as palavras dão mesmo asas?

PISTETERO

Claro, é como te digo! É pela palavra que o pensamento voa e o homem se eleva. Por isso, depois de te arranjar umas asas, quero encaminhar-te, com argumentos de peso, para um trabalho honrado. 1450

---

[293] A comédia dá testemunho de como as barbearias eram locais privilegiados para o mexerico: *Pl.* 337-339.
[294] Cf. *supra*, vv. 798 sqq. e nota 141.

SICOFANTA

Não, que eu não quero.

PISTETERO

Então que vais fazer?

SICOFANTA

Não vou desonrar a minha raça([295]). Ser delator é para mim uma tradição familiar. Vamos, passa para cá um par de asas, velozes e leves, de falcão ou de francelho, para eu processar os estrangeiros;
1455   faço a acusação aqui e depois vou a voar até lá outra vez([296]).

PISTETERO

Estou a perceber. Ou seja, de maneira que o estrangeiro seja condenado aqui, antes mesmo de cá ter chegado.

SICOFANTA

Sem tirar nem pôr!

PISTETERO

Porque assim, enquanto o tipo cá chega de barco, já tu vais outra
1460   vez em voo para lá, para lhe filares os haveres.

([295]) Este era um juramento próprio dos guerreiros homéricos *(Od.* XXIV. 508), no respeitante a uma quebra de coragem, mas outros princípios podiam sugeri-lo, como o autodomínio (E. *Or.* 1154) ou a compaixão (E. *Ion* 736 sqq.). Aqui vemo-lo parodiado no que respeita à tradição da existência do delator.

([296]) O diálogo posterior deixa bem claro o procedimento do Sicofanta, munido de asas velozes: a acusação é feita «aqui», isto é, em Atenas, e a condenação resolvida, antes mesmo que o interessado, limitado pelas lentidões de um barco, tenha tempo de comparecer. E já o Sicofanta voa de novo para a terra do condenado, a tempo de se apropriar da sua parte nos bens confiscados no processo.

SICOFANTA

Nem mais. Faz-se de conta que sou um pião.

PISTETERO

Um pião, estou a perceber. *(pega num chicote)* Pois eu tenho aí umas belas asas das de Corcira([297]), caramba! Cá estão elas!

SICOFANTA

Ai que sorte esta! Tens aí mas é um chicote!

PISTETERO

Não, é um par de asas. É com elas que hoje te vou fazer andar numa roda-viva. *(bate-lhe)* 1465

SICOFANTA

Ai! Estou desgraçado!

PISTETERO

E se te pusesses a voar daqui para fora? Desandas ou não, maldito? Já vais ver o que custa a arte de torcer a justiça. *(corre com ele à chicotada; depois dirige-se aos escravos)* E nós, toca a pegar nas asas e a caminho!

CORO

Quantas novidades, quantas maravilhas presenciámos nos nossos voos. Vimos coisas de pasmar. Há, por exemplo, uma árvore estranha, 1470

([297]) Eram bem conhecidos entre os Gregos os chicotes de Corcira, munidos de várias pontas e de peso considerável, usados como verdadeiras armas (Th. 4. 47. 2; Hesych. *s v.* χερχυραία μάστιξ). Sobre o carácter proverbial destes chicotes, cf. Phryn. Com. fr. 45 K.

1475 bastante longe da vila do Heroísmo([298]). É esse Cleónimo que não
serve para coisa nenhuma, cobardola como só ele e bem entroncado.
1480 Na Primavera, desabrocha em denúncias; no Inverno, cobre o chão...
de escudos([299]). Há, também, uma região distante, já bem perto das
1485 trevas, nos confins do mundo, onde não entra ponta de luz; aí os
homens jantam com os heróis e convivem com eles, excepto de noite.
1490 A essa hora tornava-se arriscado encontrá-los. Porque se um mortal
topava, durante a noite, com o herói Orestes, ficava nu, e ainda por
cima levava uma tosa do lado direito([300]).

(Entra Prometeu, de chapéu na cabeça, a procurar dissimular-se)

PROMETEU ([301])

1495 Ai de mim! Oxalá que Zeus me não veja! Onde está o Pistetero?

([298]) No texto o topónimo é Καρδία, nome de uma cidade trácia. Além de topónimo, a palavra é um substantivo comum que significa «coração» e «coragem, valentia», associada, por antítese, ao nome de Cleónimo (cf. *supra*, vv. 289 sqq. e nota 47). Com a tradução «Vila do Heroísmo» de ecos toponímicos para nós evidentes, pretendi sugerir o efeito do original.

([299]) Como uma árvore – e estranha árvore! –, Cleónimo desabrocha em frutos de delação no tempo da flor; na época da queda da folha, cobre o chão... com os escudos, que cobardemente abandona.

([300]) O mundo das trevas, que a comédia descreve revestido de aparato mítico, é afinal, pura e simplesmente, a cintura da cidade, após as muralhas, onde não há luz de noite e o risco de assaltos é permanente (cf. *supra* vv. 496 sqq.). Do mundo mítico dos heróis, que representava já uma fase de decadência na vida da humanidade, guardavam os Gregos, por vezes, uma impressão negativa (cf. Men. fr. 394). Sobretudo os supersticiosos temiam que o encontro com um deles durante a noite causasse apoplexia (cf. Ath. 461c e a nota respectiva na ed. Loeb Classical Library). O herói de mau agoiro é aqui Orestes, de nome «heróico», e bem «conhecido» por tristes façanhas de assaltante (cf. *supra* v. 712 e nota 120), quando, depois da festa, os vapores do vinho o perturbavam *(vide* Taillardat, *op. cit.,* pp. 238 sqq.).

([301]) Prometeu incluía-se no número dos Titãs, entre os quais se distinguiu pela perspicácia e astúcia. De Atena, obtivera um amplo conhecimento de ciências e artes que transmitiu aos mortais; este facto, juntamente com a dádiva do fogo, consagrou-o no mito como o grande aliado do género humano, contra a soberania divina. Esta aliança com os homens valeu-lhe a ira do deus supremo que o martirizou, amarrando-o a um rochedo, onde diariamente uma águia lhe vinha comer o fígado, que de novo se refazia para voltar a ser devorado, num suplício eterno (cf. Hes. *Th.* 521-616; A. *Pr. passim). Vide* R. Graves, *Greek Myths,* Middlesex, reimpr. 1977, pp. 144 sqq.

PISTETERO *(que regressa)*

Ei! que é isso? Que disfarce é esse?

PROMETEU *(lançando uma olhadela em volta)*

Vês por aí algum deus no meu encalço?

PISTETERO

Não, caramba, não vejo nada. Mas tu quem és?

PROMETEU

Que horas são?

PISTETERO

Horas? Pouco passa do meio-dia. Mas tu quem és? 1500

PROMETEU

É hora de desatrelar os bois([302]), ou mais tarde ainda?

PISTETERO

Irra! Que chato!

PROMETEU

E Zeus, que está a fazer? A dissipar as nuvens ou a juntá-las?

O Prometeu cómico, ainda que continue a ser o inimigo dos deuses e aliado dos homens, tornou-se cobarde: aqui o vemos, protegido à sombra do guarda-sol, receoso que Zeus, mesmo derrotado, o persiga e o castigue. Nos conselhos que fornece aos mortais, sobre a forma de conquistarem a realeza, vê M. Griffith *(Aeschylus. Prometheus Bound,* Cambridge, 1983, p. 284) ecos do *Prometeu portador do fogo* de Ésqquilo.

([302]) Depois do trabalho dos campos, pelo fim da tarde, era a hora de desatrelar os bois *(Il.* XVI. 779, *Od.* IX. 58). Prometeu conta com o crepúsculo para o ajudar a passar despercebido a Zeus.

PISTETERO

Um raio te parta!

PROMETEU

Bom, nesse caso, posso tirar o chapéu.

PISTETERO *(que finalmente o reconhece)*

Ó meu caro Prometeu!

PROMETEU *(assustado)*

1505   Chut! Pouco barulho!

PISTETERO

O que há?

PROMETEU

Cala o bico, não me chames pelo nome. Estou perdido, se Zeus topa comigo aqui. Mas, para te explicar tudo que se passa lá em cima, segura-me aqui no guarda-sol e põe-mo sobre a cabeça, para que os deuses não me vejam lá do alto.

PISTETERO *(pega no guarda-sol e abre-o)*

1510   Oh! Oh! Boa ideia essa! Digna de Prometeu! Põe-te aqui de baixo, rápido. Pronto, fala à vontade.

PROMETEU

Pois então ouve lá.

PISTETERO

Sou todo ouvidos. Podes falar.

PROMETEU

Zeus está liquidado.

PISTETERO

Liquidado? Desde quando?

PROMETEU

Desde o momento em que vocês colonizaram o céu. Não há um único homem que ainda faça um sacrifício que seja aos deuses; e o fumo das vítimas, desde essa altura, deixou de nos chegar lá acima. Agora, como em tempo de Tesmofórias(303), fazemos jejum, à míngua de oferendas. Os deuses bárbaros, cheios de fome e a guinchar que nem Ilírios(304), ameaçam pegar em armas contra Zeus, se ele não franquear os mercados à importação das tripas já em postas(305).   1515

   1520

---

(303) As Tesmofórias eram um festival religioso, celebrado com a participação exclusiva de mulheres, em honra de Deméter e Perséfone (Ar. *Th. passim*). As deusas que o patrocinavam, como o tempo da sua realização (Outubro-Novembro), parecem apontar para uma relação do culto com a fertilidade do solo e com as sementeiras. O festival realizava-se durante três dias, designados por Κάθοδος καὶ Ἄνοδος «Descida e Subida», Νηστεία «Jejum» e Καλλιγένεια «Bom nascimento». Embora os pormenores do ritual sejam difíceis de reconstituir, dado o sigilo que os envolvia (cf. Ar. *Th.* 363 sqq., 627 sqq.), sabemos, no entanto, que as mulheres depunham, em covas, carne de porco, em homenagem aos animais de Eubuleu engolidos pela terra juntamente com Perséfone, e depois a retiravam, já apodrecida, para a deporem em altares como elemento de fertilidade. Parece ser este o ritual executado no primeiro dia da festa, designado precisamente por «Descida e Subida». No segundo, aquele a que o nosso poeta se refere, enquanto as mulheres observavam jejum absoluto, honrando a desolação de Deméter pelo rapto da filha, a carne sagrada estaria exposta, juntamente com os grãos, sobre os altares, para, no terceiro, ser espalhada pelos campos, como garantia de fertilidade. Cf. J. E. Harrison, *Prolegomena to the study of Greek religion,* Cambridge, 1908, pp. 120 sqq.

(304) A vida na Ilíria, faixa adriática dos Balcãs, era difícil nesta altura, sobretudo pelo abandono a que estavam votados os campos (Strab. 7. 5. 10). Os guinchos dos Ilírios seriam, decerto, antes de mais, a sua algaraviada de bárbaros, mas também os gritos guerreiros que os tornaram conhecidos (Th. 4. 126. 5, 4. 127. I).

(305) Os deuses bárbaros que, na geografia do Olimpo, habitavam as regiões elevadas do interior, ameaçam descer aos litorais para atacarem os vizinhos e exigirem deles a utilização dos portos para as importações do exterior. Ao provocarem o corte no abastecimento de vítimas de sacrifícios, as aves criaram aos Olímpicos um conflito com os vizinhos do interior. A pressão por estes exercida para a resolução rápida do problema será por certo uma vantagem para a pretensão da Nefelocucolândia.

PISTETERO

1525   Quer então dizer que ainda há outros deuses bárbaros acima de vós?

PROMETEU

Não são bárbaros aqueles entre os quais Execéstides tem o seu padroeiro([306])?

PISTETERO

Mas como se chamam esses tais deuses bárbaros?

PROMETEU

Como se chamam? Tribalos([307]).

PISTETERO

1530   Estou a ver. É daí que vem aquela do «oxalá te pisem os calos!»

PROMETEU

Ora nem mais. Mas deixa que te faça um aviso: vão aparecer por aí uns embaixadores para conversações, da parte de Zeus e
1535   dos Tribalos lá de cima. Mas vocês não aceitem negociar, a

---

([306]) Cf. *supra,* v. 11 e nota 2.
Cada família tinha, na Grécia, o seu deus padroeiro, muitas vezes Apolo, mas também outros Olímpicos (cf. Arist. *Ath. Pol.* 55. 3). Se Execéstides não é ateniense, mas de origem bárbara, terá decerto, entre as divindades bárbaras, o seu protector.

([307]) Este era o nome de um povo da Trácia (Th. 2. 96. 4; Strab. 7. 3. 8.), conhecido pela selvajaria e desrespeito pelos princípios essenciais da sociabilidade: atentado às normas familiares (Arist. *Top.* 115 b 22-25), à prática da hospitalidade (Alex. fr. 241 K), e por um gosto brutal da destruição (Isocr. 12. 227). O seu nome, que representava para os Gregos a barbárie levada ao extremo, proporciona um jogo com o v. τρίβω «esmagar»; assim, τοὐπιτριβείης «oxalá sejas liquidado!» ou «quem dera que te pisem os calos!», para manter uma certa assonância.

menos que Zeus devolva o ceptro às aves e te dê em casamento a Realeza(³⁰⁸).

PISTETERO

Realeza? Quem é ela?

PROMETEU

Uma mulher de truz. É ela que administra o raio de Zeus e tudo o mais, a sensatez, a justiça, a moderação, os arsenais, os insultos, o   1540
tesoureiro, os trióbolos(³⁰⁹).

PISTETERO

É, portanto, a intendente geral de Zeus?

PROMETEU

É o que te digo. Se lha apanhas, tens o poder nas mãos. Foi por isso que cá vim, para te dar estas informações. Desde sempre fui um   1545
aliado dos homens.

(³⁰⁸) Como é também o caso de *Paz,* esta peça irá terminar com o consórcio entre o herói e uma deusa, a Realeza, personificação do poder que o próprio Zeus terá de entregar à Nefelocucolândia. Βασίλεια é igualmente divinizada por Cratino, fr. 393 K.

(³⁰⁹) A enumeração tornou-se paródica devido à acumulação de elementos de natureza distinta ou mesmo contrastante. Se sensatez, justiça e moderação são qualidades essenciais à boa harmonia da comunidade, arsenais, insultos, tesoureiros e trióbolos são os factores de perturbação da vida ateniense contemporânea. O domínio destas várias componentes da vida da comunidade irá permitir a Pistetero a superintendência política da cidade. À abstracção dos três primeiros conceitos corresponde um tom bem concreto na enumeração dos vícios do dia-a-dia de Atenas: os arsenais, evocativos do conflito armado em que a cidade dispendia as suas reservas; os insultos, com que as forças políticas se digladiavam na assembleia do povo; o tesoureiro, que representa o funcionário incumbido dos pagamentos com os fundos do Estado, nomeadamente aos juízes; por fim, o trióbolo, a remuneração diária paga aos heliastas (cf., *e.g., Eq.* 50 sqq., *V.* 609).

PISTETERO

Por isso és tu o único de entre os deuses a quem temos de oferecer os nossos assados.

PROMETEU

Os deuses, detesto-os todos, do primeiro ao último, bem o sabes...

PISTETERO

É verdade que também, desde sempre, foste detestado pelos deuses.

PROMETEU

1550 Um verdadeiro Tímon([310]). Bom, são horas de ir andando. Dá cá o guarda-sol. Assim, se Zeus me vir lá de cima, parece que vou a escoltar uma canéfora([311]).

PISTETERO

Toma, leva também este escabelo. *(Prometeu sai)*

([310]) Prometeu assume-se, em relação aos deuses, na qualidade de misantropo tão convicto como Tímon, o famoso misantropo ateniense do século V a. C. em relação aos homens. Em volta de Tímon multiplicaram-se as anedotas, que o converteram numa figura lendária *(Lys.* 805-820). Luciano retomou esta figura paradigmática no seu *Tímon,* que já Frínico, no *Solitário* (fr. 18 K), caracterizara como «celibatário, livre de escravos, avinagrado, inabordável, avesso ao riso, lacónico, intransigente».

([311]) O texto refere-se ao festival das Pan-Ateneias, celebrado em honra de Atena, de quatro em quatro anos com maior solenidade. Para ele se mobilizavam todas as forças vivas da cidade, como testemunha o conhecido friso do Pártenon. Do ponto de vista religioso, o principal objectivo da festa era a oferta de presentes à deusa, entre os quais animais para o sacrifício e um *peplos* bordado por jovens atenienses. Nas procissões desempenhavam papel de relevo as canéforas, donzelas das melhores famílias, que transportavam os cestos sagrados. Depois os cidadãos, os metecos e os jovens sobre os carros ou cavalgando corcéis fogosos, completavam o cortejo solene. Junto das canéforas seguiam servas, munidas de um guarda-sol e de um escabelo que lhes permitissem proteger-se do sol e repousar um pouco nas paragens (Ar. *Ec.* 734; Hermipp. fr. 26 K).

Cf. M. H. Rocha Pereira, *Estudos de história da cultura clássica,* I, Lisboa, ⁶1988, pp. 334-336; W. Burkert, *Greek religion,* trad. ingl., Oxford, 1985, pp. 232 sqq.

CORO

Na terra dos Ciápodes(³¹²) há um lago, onde Sócrates, o tal que não sabe o que é um banho, evoca as almas(³¹³). Lá foi parar também   1555
Pisandro(³¹⁴), à procura da alma que, ainda em vida, o abandonou.

(³¹²) As aves continuam a narrativa fantástica das suas viagens (cf. vv. 1470--1493). São antigas e variadas, na literatura grega, referências a este povo lendário dos Ciápodes, literalmente «aqueles que fazem sombra com os pés», imaginados como seres de pés enormes, que podiam erguer para proteger do solo o corpo inteiro. Alguns comediógrafos mencionaram-nos, situando-os em território líbio (Archipp. *fr.* 53 K). Cf. ainda Ctésias, *FGrH 688* F 60; Plin. *HN* 7. 23. Sommerstein *(op. cit.,* p. 300) justifica esta referência aos Ciápodes com razões oportunas: por um lado, sugerida pelo guarda-sol com que Prometeu se abriga; por outro relacionada com a figura de Sócrates, de quem o canto do coro salienta a faceta de pé-descalço; tenhamos em conta que os Ciápodes eram também conhecidos por Μελάμποδες, «pés negros» (cf. Apollod. 2. I. 4; cf. também Van Leeuwen, *Aves,* p. 235).

(³¹³) Sobre o perfil popular do filósofo e a sua exploração cómica, cf. *supra* vv. 1282 sqq. e nota 257. O v. ψυχαγωγέω sugere, antes de mais, o mundo do Hades, aonde são conduzidas as almas, os fantasmas dos mortos (numa linguagem de timbre homérico). Esse mundo remoto e transcendente é pela comédia colocado, fantasiosamente, na terra encantada dos Ciápodes. Mas, deste clima de sombras, avulta também a noção de que ψυχή é o espírito, a componente imaterial do ser humano, aquela que a pedagogia e filosofia socráticas tomavam como seu objecto de trabalho e análise. *Nuvens* faz a sobreposição natural entre estes dois conceitos de ψυχή, espírito humano e sombra, ao converter os discípulos de Sócrates em verdadeiros fantasmas, pálidos e esgalgados, habitantes dos recessos sombrios do Pensadoiro; nesse cenário, Sócrates é verdadeiramente um ψυχαγωγός, alguém que conduz «as almas» para o abismo da especulação, imoralidade e desfaçatez.

Sobre a interpretação deste passo, *vide* E. W. Handley, «Words for soul, heart and mind in Aristophanes», *RhM* 99, 1956, p. 213.

(³¹⁴) Pisandro ocupou, na vida política deste último quartel do século V, um papel destacado. Aos olhos dos contemporâneos, no entanto, surgia como alguém que esperava tirar da guerra proventos pessoais, o que fazia dele um belicista (Ar. fr. 81 K). Mas, pessoalmente, substituía a coragem que lhe escasseava (Eup. fr. 31 K), por um exterior vistosamente bélico, feito de «penachos e sobrolhos» *(Pax* 395, *Lys.* 490 sqq.). Graças à popularidade que o envolvia, vemo-lo participar, em 415, no inquérito que se seguiu à mutilação dos Hermes (cf. Andoc. I. 27, 36, 43); em 411, Pisandro viria a ser um dos responsáveis pela instauração do governo dos Quatrocentos (Th. 8. 53, 68). Mais tarde, com o derrube do regime oligárquico, Pisandro passou-se para o lado espartano (Th. 8. 98.1); mas viu-se condenado à revelia e confiscados os seus bens.

Na figura que a comédia criou de Pisandro avultam a estatura alta e desengonçada (Hermipp. fr. 9 K; Eup. fr. 182 K), a gulodice *(com. adesp.* fr. 64 K), mas principalmente a cobardia (Eup. fr. 31 K; cf. X. *Smp.* 2. 14). De resto, Platão Cómico

1560 Trazia, para sacrificar, um cordeiro-camelo([315]); cortou-lhe o pescoço, como fez Ulisses, e pôs-se... ao fresco. Apareceu-lhe então, de lá
de baixo, pronto a devorar o camelo, Querefonte, o morcego([316]).

(Chegam Posídon, Hércules e Tribalo)

POSÍDON

Cá está a famosa cidade, a Nefelocucolândia, aonde nos dirigimos
1565 em embaixada. *(a Tribalo)* Ei, que estás a fazer? Pões a túnica da
direita para a esqquerda? E se a pusesses da esqquerda para a direita,
assim, seu palerma([317]) *(procura compor-lhe a túnica)* Serás tu outro
1570 Lespódias([318])? Ó democracia, onde vamos nós parar, se é um tipo

---

dedicou-lhe toda uma comédia, que intitulou *Pisandro*. No canto do coro de *As Aves*,
agora em análise, Pisandro evoca, segundo a interpretação corrente, a sua própria
alma, isto é, a coragem, que há muito o abandonou. Embora esta interpretação se
conforme com a personalidade cómica tradicional de Pisandro, não deixa de ser
ponderável a objecção suscitada por E. Cavaignac («Pythagore et Socrate», *RPh* 33,
1959, pp. 246-248) sobre a referência do pronome ἐχεῖνον (v. 1558) à «sua própria
alma». Prefere Cavaignac entender que Pisandro procura «aquela alma, a alma
daquele», de Sócrates; essa sombra seria Querefonte, o braço direito do filósofo. Esta
leitura tem a vantagem de atribuir a ἐχεῖνον um sentido mais correcto e preparar
logicamente a referência à aparição de Querefonte.

([315]) É na Νέχυια de Ulisses *(Od.* XI. 49 sqq., 82) que Aristófanes se inspira para
a cena onde insere Pisandro: tal como o herói da épica, nesta terra de mortos Pisandro
realiza um sacrifício; em vez de um carneiro e uma ovelha *(Od.* X. 527), a vítima
agora imolada condiz com o sacrificador: um cordeiro-camelo, ou seja, um cordeiro
avantajado. O híbrido cria a imagem do animal robusto, volumoso e desengonçado,
mas veloz na fuga (Hdt. 3. 102-104).

([316]) Como em *Od.* XXIV. 5 sqq. as almas acorrem, também das trevas se projecta
Querefonte, cadavérico e fantasmagórico como um defunto. Cf. v. 1296 e nota 266.

([317]) Ouçamos R. Flacelière *(A vida quotidiana dos Gregos no século de Péricles*,
trad. port., Lisboa, s. d., pp. 17 sqq.): «para armar o manto no corpo, cobriam primeiro
as costas e os ombros, deixando cair à frente as duas pontas, que formavam os ângulos
inferiores do rectângulo do tecido; depois, o braço direito estendido fazia passar as
pregas por cima do braço esqquerdo, já dobrado para as receber, ou por cima do
ombro esqquerdo, de onde recaíam em bico nas costas. Os Gregos chamavam a esta
maneira de envergar o manto «armar à direita» (ἐπὶ δεξιά); este gesto consistia
precisamente em agarrar a aba do manto com a mão direita; depois, em afastá-la para
a direita, a princípio, para, em seguida, a atirar finalmente para a esqquerda». Como
bárbaro que é, Tribalo executa todo o processo ao contrário.

([318]) Lespódias era uma figura política bem conhecida na época, que exerceu, neste
mesmo ano de 414, funções de chefia militar em conflitos contra os Espartanos

como este o eleito pelos deuses? *(a Tribalo que lhe dificulta a tarefa)*
Ficas quieto, por favor? Raios te partam! És de longe o deus mais
bárbaro que já vi em toda a minha vida. *(voltando-se para Hércules)*
Bom, que vamos fazer, Hércules?

HÉRCULES

Já te disse: estou disposto a apertar as goelas a quem quer que seja   1575
que bloqueou os deuses com as muralhas.

POSÍDON

Esqqueces-te, meu caro, que nos elegeram embaixadores para
negociarmos um acordo.

HÉRCULES

Mais uma razão para eu lhe ir às goelas.

*(Pistetero regressa com os escravos, munidos de apetrechos de
cozinha e com algumas aves já prontas para cozinhar)*

PISTETERO

Passem cá o ralador do queijo. Traz o sílfio[319]. Dêem-me o
queijo. Acende a fogueira.   1580

(Th. 6. 105. 2). Depois de aderir à oligarquia dos Quatrocentos, em 411, quando se encarregava de uma missão diplomática junto dos Lacónios, foi aprisionado pela tripulação do navio que o transportava e entregue ao inimigo, como traidor à democracia (Th. 8. 86. 9). A sua sorte é, a partir de então, desconhecida. A comédia retrata-o como aguerrido (Phryn. Com. fr. 16 K), mas muitos gracejos lhe são particularmente dirigidos às pernas, que procurava camuflar com a túnica descaída (Stratt. fr. 16 K; *com. adesp.* fr. 70 K; Eup. fr. 102 K; Theopomp. Com. fr. 39 K). Como tinha a perna esqquerda muito marcada por varizes, fazia cair a aba do manto à direita, para disfarçar quando em movimento.

[319] Pistetero prepara uma ementa requintada à base de aves, que se propõe torturar e condimentar com os mesmos temperos que tinha condenado antes, vv. 533 sqq.

POSÍDON

Olha lá, amigo, mortal como és, aceita os cumprimentos de nós os três, que somos deuses.

PISTETERO *(fingindo-se muito ocupado)*

Estou a ralar o sílfio.

HÉRCULES *(que se aproxima)*

Estas aqui, que carnes são([320])?

PISTETERO

São carnes de umas aves que preparavam um golpe contra o partido democrático das aves e que foram condenadas.

HÉRCULES

1585   Por isso, primeiro, polvilha-las com sílfio([321]).

PISTETERO *(que o identifica imediatamente)*

Olá, Hércules. O que há?

([320]) Hércules, de heróico, justiceiro e valoroso, convertido num brutamontes voraz e estúpido, tornou-se um lugar-comum na comédia popular. Uma encarnação desta figura do mito é-nos oferecida por *Rãs,* na pessoa daquele Hércules tão sensível a uma metáfora culinária que, nos locais outrora percorridos na viagem ao Hades, deixara atrás de si o eco estrondoso de um apetite insaciável. O *schol. Pax* 741 acrescenta que, em *Eolosícon,* a personagem reaparecia, o mesmo se dando em *Peças* (fr. 289 K; cf. *schol.* V. 60). Um Hércules faminto, envolvido em aventuras amorosas, era figura da comédia *Desventuras de Zeus* de Platão (frs. 46, 47 K, 48 A Edmonds, 49 K). Em V. 60, como já em Cratin. fr. 308 K, esta personagem e a exploração cómica de que era passível tornaram-se motivo de censura.

([321]) O tempero com sílfio, a recordar a teoria exposta nos vv. 533-538, representa um castigo extra para um crime de traição; se uma ave criminosa poderia ser punida com uma assadura, uma traidora é antes ainda torturada com o sílfio.

POSÍDON

Estamos aqui como embaixadores, da parte dos deuses, para acabar com a guerra...

PISTETERO *(aos escravos, sem prestar atenção a Posídon)*

Não há azeite na almotolia.

HÉRCULES

É, e a carne das aves leva muita gordura. 1590

POSÍDON

... porque, do nosso lado, não temos nada a ganhar com guerras. Por vossa parte, se gozarem da amizade dos deuses, não vos vai faltar água das chuvas nos poços, e os vossos dias hão-de ser sempre alcióneos([322]). Para tratarmos de todas estas matérias, estamos investidos de plenos poderes. 1595

PISTETERO

Bom, o caso é que não fomos nós a começar a guerra convosco, e estamos dispostos, desde já, se se assentar nisso, a fazer a paz, desde que por vosso lado se disponham a agir dentro das regras da justiça. E a justiça manda que: o ceptro nos seja restituído por Zeus, a nós, as aves. Se chegarmos a acordo neste ponto, os embaixadores estão convidados para o almoço. 1600

HÉRCULES

Por mim, é quanto basta. Voto a favor...

([322]) Cf. *supra*, nota 39. As duas promessas de Posídon – água da chuva nos poços e dias alcióneos – são claramente incompatíveis, o que põe em causa a justeza dos argumentos que usa.

POSÍDON *(a Hércules)*

1605 O quê, miserável? Isto é que tu és um asno! E guloso como não há outro! Propões-te tirar a soberania ao teu pai?

PISTETERO

E então? Já repararam que vocês, os deuses, só ficavam a ganhar, se as aves governassem lá em baixo? No pé em que as coisas estão, os mortais escondem-se por trás das nuvens, de cabeça baixa, e 1610 prestam-vos juramentos falsos. Mas se vocês tivessem as aves do vosso lado, quando alguém jurasse pelo corvo e por Zeus, o corvo aproximava-se, em pezinhos de lã, do perjuro, saltava-lhe em cima e arrancava-lhe um olho à bicada.

POSÍDON

Por Posídon! Caramba, tens razão!

HÉRCULES

1615 Também acho.

PISTETERO *(a Tribalo)*

E tu, que dizes?

TRIBALO

Nabaisatreu([323]).

([323]) A figura do estrangeiro, abundante fonte de cómico pelo seu exterior diferente e pela linguagem incompreensível ou estropiada que utiliza, tornou-se uma figura popular da comédia desde tempos remotos. Na produção aristofânica, o Pseudartabas de *Acarnenses* ou o Cita de *As Mulheres que Celebram as Tesmofórias* são bons exemplos da realização deste tipo de personagem. As palavras que Tribalo pronuncia não me parecem dignas de uma análise: são antes um conjunto de sons voluntariamente incompreensível.

HÉRCULES

Estás a ver? Ele também está de acordo.

PISTETERO

E tem mais: oiçam esta outra vantagem que vos podemos proporcionar. Se um fulano promete um sacrifício a um deus qualquer e, à pala de um argumento do género «Os deuses esperam» ([324]), tem a lata   1620
de não dar nada, por pura mesqquinhice, nós exigimos-lhe que cumpra a promessa.

POSÍDON

Ah sim? E de que maneira?

PISTETERO

Num dia em que calhe o tipo estar a deitar contas ao dinheiro, ou a tomar uma banhoca, descansado da vida, o milhafre vai lá, à socapa,   1625
fila-lhe o valor de duas ovelhas ([325]) e entrega-o ao deus.

HÉRCULES

Devolvam-lhe o ceptro. Por minha parte voto a favor.

POSÍDON

E o Tribalo? Pergunta-lhe tu.

HÉRCULES *(de clava alçada para o bárbaro)*

Tribalo, queres ver como elas te mordem?

([324]) Para justificar o adiamento na satisfação da promessa, o devedor cita as primeiras palavras de um provérbio, «os deuses esperam...»; no entanto, a conclusão tradicional da frase, «... mas não se deixam iludir», dava-lhe um sentido diverso daquele em que é usada (Th. 1. 142. 1).

([325]) O devedor paga com juros: em vez de uma só vítima, é-lhe cobrado o valor de duas.

TRIBALO

Pêlo de tu bater bengala([326](#)).

HÉRCULES

Ele diz que estou cheio de razão.

POSÍDON

1630   Bom, se vocês os dois estão de acordo, eu também concordo. *(a Pistetero)* Pronto, quanto ao ceptro está resolvido.

PISTETERO

Ai, é verdade, agora me lembro. Há ainda a outra questão: Hera,
1635   cedo-a a Zeus, mas a Realeza, jovem como ela é, têm de ma dar em casamento.

POSÍDON

Tu não queres chegar a acordo. *(aos deuses que o acompanham)* Vamos embora para casa.

PISTETERO

Estou-me nas tintas. *(ao cozinheiro)* Cozinheiro, o molho, é preciso fazê-lo bem doce.

([326]) Sob o peso da ameaça, o bárbaro consegue dizer agora palavras mais claras, ainda que estropiadas. Assim reconhecemos, sem dúvida, βακτηρία (βακταρι) «bengala», χροῦσαι (χρουσα) «bater». As primeiras palavras, porém, são passíveis de várias leituras. À interpretação de Van Daele *(Les oiseaux,* p. 102), σαυ = σύ; νάκα = negativa νή (donde: «Tu não bater bengala»), prefiro a leitura de Coulon («Supplément au tome III de mon édition d' Aristophane», *REG* 43, 1930, p. 50; cf. Van Leeuwen, *op. cit.,* p. 246), por me parecer difícil aceitar νάκα como equivalente a uma negativa. Assim Coulon lê σού τὴν νάκην «vou-te ao pêlo com a bengala», entendendo que Tribalo ameaça, por sua vez, Hércules com as mesmas armas.

HÉRCULES

Ah, diacho de homem(³²⁷)! Posídon! Onde vais? Será que vamos, só por causa de uma mulher, entrar em guerra?

POSÍDON

Então que fazemos? 1640

HÉRCULES

Que fazemos? Chegamos a acordo.

POSÍDON

O quê? Até me fazes pena! Não vês que te têm estado a lançar poeira nos olhos? E tu deixas-te ir na cantiga. Que se Zeus morre, depois de lhes ter passado para as mãos a soberania, ficas na miséria. Porque o 1645 herdeiro de todos os bens, que Zeus deixar quando morrer, és tu.

PISTETERO

Ah, coitado! Como ele te enrola! *(puxando-o de lado)* Chega aqui que te quero dar uma palavrinha. *(a meia voz)* O teu tio está-te a levar à certa, meu pobre amigo. Porque nos bens do teu pai não vais tu pôr a vista em cima. É de lei. Se tu és bastardo e não filho legítimo! 1650

HÉRCULES

Eu, bastardo? Que história é essa?

PISTETERO

Tu, pois! Não és filho de uma estrangeira?! Ou pensas que Atena, que é filha, vinha a herdar se tivesse irmãos legítimos(³²⁸)?

(³²⁷) Este tipo de expressão coloquial, comum nos textos cómicos (cf. *Ra.* 835, 1227, *Ec.* 564, 784), é obviamente absurda quando dirigida a um deus.

(³²⁸) A discussão sobre a herança de Zeus estabelece-se em termos do direito de família ateniense. Segundo uma lei estabelecida desde o tempo de Péricles, estavam

HÉRCULES

1655   E se o meu pai, ao morrer, me deixar a herança como parte do bastardo(³²⁹)?

PISTETERO

A lei não o permite. E aí o Posídon – que agora te está a espicaçar – havia de ser o primeiro a disputar contigo a herança paterna, com
1660   o argumento de que o irmão legítimo é ele(³³⁰). De resto, deixa que te cite a lei de Sólon: «O bastardo perde todos os direitos à herança,
1665   se houver filhos legítimos. Se não há filhos legítimos, é aos parentes colaterais mais próximos que é atribuída a herança.»

HÉRCULES

A mim, nesse caso, não me cabe nada do património paterno?

PISTETERO

Nada mesmo. Diz-me cá uma coisa: o teu pai já te apresentou aos membros da fratria(³³¹)?

---

interditos casamentos entre cidadãos e estrangeiros, de forma que os filhos de uma união deste tipo eram, à face da lei, bastardos. Transposta para o plano divino, a regra resultava, no caso particular de Hércules, filho de Zeus e da mortal Alcmena, em ilegitimidade e incapacidade de herdar. Prova dessa incapacidade encontra-se no facto de ser Atena, embora mulher, a herdeira de Zeus; tal circunstância só era possível se não houvesse herdeiros legítimos do sexo masculino. Nesse caso, a mulher devia desposar o parente mais próximo, do lado paterno, que assumia a administração do património familiar, até que os filhos do casal tivessem idade para a assumirem por sua vez (esta legislação remontava a Sólon, cf. vv. 1660 sqq.; D. 43. 51). Resulta assim difícil de entender a qualidade de herdeira da deusa Atena, que tinha irmãos legítimos (Hes. *Th.* 921-924). No entanto, convém lembrar as regalias especiais de que a deusa gozava junto do pai (Callimach. *Hymn.* 5. 132-133).

(³²⁹) A «parte do bastardo» era uma parcela da herança legalmente disponível em favor dos filhos ilegítimos. Sobre o montante máximo que a constituía, os testemunhos são divergentes: o escoliasta fala de 500 dracmas, e Harpocrátion, s. v. νοθεῖα, de 1000 dracmas. Logo, se havia limites para esta parte, não era possível a Zeus canalizar todos os seus bens para Hércules por este processo.

(³³⁰) Logo, como parente mais próximo, com direito a desposar Atena e tornar-se legitimamente herdeiro. Cf. *supra* nota 328.

(³³¹) A fratria era um núcleo social e religioso, que associava famílias com um antepassado em comum. No décimo dia depois do nascimento, reuniam-se a família

HÉRCULES

Não, nunca! E a verdade é que já há tempo que ando de pé atrás com isso. 1670

PISTETERO *(que repara no ar surpreso e indignado de Hércules)*

E ainda me ficas pasmado a olhar para o céu, com cara de ferrabrás? Passa-te mas é para o nosso lado, que eu faço de ti um rei e até leite de pássaro[332] te dou.

HÉRCULES

Parecem-me justas – há tempo já que o venho notando – as tuas razões sobre o caso da tal moça. Por minha parte, dou-te a mão dela. 1675

POSÍDON

Eu voto contra.

PISTETERO

Tudo depende do Tribalo. *(dirigindo-se-lhe directamente)* Tu, que dizes?

TRIBALO

Benita menina e grande reina, ao passarinho eu dar.

HÉRCULES

Ele diz que dá.

---

e os amigos para a apresentação do recém-nascido, a quem era dado o nome. Para além desta apresentação de âmbito mais privado, a existência da criança oficializava--se com a apresentação à fratria, uma instituição intermédia entre o círculo familiar e a tribo. Pertencer-se à fratria é, entre os Gregos, uma condição para se ser reconhecido como legítimo membro de uma família e cidadão de direito.

[332] Cf. *supra,* v. 734 e nota 129.

POSÍDON

1680　Não, nada disso. Ele diz que dá, se ela não andar como as andorinhas(³³³).

PISTETERO

Ou seja, diz que a entreguem às andorinhas.

POSÍDON

Vocês os dois podem fazer a paz e chegar a acordo. Já que é essa a vossa opinião, eu calo-me.

HÉRCULES *(a Pistetero)*

1685　Por nossa parte, estamos dispostos a satisfazer os teus desejos. Vem connosco até ao céu, para tomares posse da Realeza e do resto.

PISTETERO *(que aponta para as aves sobre a mesa, para cozinhar)*

Veio mesmo a calhar terem-se trinchado estas aves para a boda.

HÉRCULES

1690　Querem que eu fique aqui e vá tratando de assar as carnes? Vão lá vocês.

(³³³) A interpretação deste passo criou embaraços entre os comentadores antigos, Símaco e Dídimo, e o seu sentido continua obscuro. De acordo com a leitura adoptada por Coulon, Taillardat *(op. cit.,* p. 117) confirma a metáfora da andorinha para quem não sabe andar, porque, segundo os antigos (cf. Arist. *HA* 487 a 25), as andorinhas eram qualificadas de ἄποδες «sem patas»; leitura, aliás, de sentido incompreensível.

R. Bentley *(apud* K. J. Dover, *Aristophanic comedy,* p. 6) propôs uma emenda de βαδάζει em βαβάζει; assim Posídon diria «ele não diz que a entreguem; o que ele faz é gorjear que nem uma andorinha», numa alusão ao grego estropiado do bárbaro.

POSÍDON

Assar as carnes? Olha quem fala! O rei da gulodice! Vens mas é connosco, se fazes favor!

HÉRCULES *(lamentoso)*

Ah, bem eu me arranjava se pudesse!

PISTETERO *(aos escravos)*

Tragam-me cá o fato para o casamento.

CORO

Há, lá na Mexericónia([334]), para as bandas da Clépsidra, uma maldita raça de glotogástricos, que colhem, semeiam, vindimam com a língua e apanham figos. São estrangeiros de nascimento, uns Górgias e uns Filipos([335]). E foi por causa desses Filipos glotogástricos

1695

1700

([334]) O motivo do canto é a corrupção de Atenas, paraíso dos sicofantas ou delatores. Dois topónimos situam o seu campo de acção: Fanes, que sugere φαίνω «acusar, denunciar», e a Clépsidra, que os Atenienses bem conheciam como uma fonte a NW da Acrópole, ou como um relógio de água *(Ach.* 693, *V.* 93, 857), que controlava o tempo de intervenção dos oradores no tribunal. Esse é o paraíso de uma raça maldita, que se sustenta da maledicência (os glotogástricos), os sicofantas naturalmente. O qualificativo é sugerido pelo composto ἐγχειρογάστορες «os que vivem do trabalho manual», ou seja, «operários mecânicos» (cf. Ath. I. 4d); o mesmo epíteto aparece frequentemente aplicado aos Ciclopes *(schol.* E. *Or.* 965; Strab. 8. 6. 11). Da sua colheita se destaca o «figo», σῦκον, elemento da composição do nome da actividade que exercem («o delator do figo», «aquele que denuncia o comércio ilegal de figos», «o delator em geral»).

Edmonds *(apud* A. Costa Ramalho, *Dipla onomata no estilo de Aristófanes,* p. 97) chama a atenção para a sugestão paródica que os vv. 1697-1699 encerram de um σκόλιον de Híbrias (Ath. 695 f), substituindo às armas, que são a riqueza do guerreiro, a língua, que é a arma do sicofanta.

([335]) Górgias de Leontinos, na Sicília, é o bem conhecido sofista e retórico, que, ao acompanhar, em 427 a. C., uma embaixada a Atenas, deixara o povo da cidade maravilhado com as novidades do seu discurso, aprendidas na escola siciliana de Córax e Tísias. As visitas repetidas que fazia à Grécia fizeram dele uma personalidade bem conhecida. O seu nome ficaria para sempre ligado à definição das figuras de estilo com que adornava o discurso. Sobre Górgias, cf. W. C. Guthrie, *A history of Greek philosophy,* 111, Cambridge, 1969, pp. 269-274.

1705 que, por toda a Ática, se criou o hábito de cortar à parte a língua das vítimas(336).

MENSAGEIRO *(em tom trágico)*

Ó gente afortunada – não há palavras que o exprimam! –, ó raça bem-aventurada das aves voadoras, acolham o vosso soberano em sua
1710 sumptuosa mansão. Ei-lo que avança: nunca astro algum brilhou com tal esplendor num céu de ouro, nem mesmo do sol os raios cintilantes jamais com tal luz resplandeceram. Ei-lo que chega, na companhia de uma esposa de beleza indizível, a brandir o raio, o dardo alado de
1715 Zeus. Um perfume inefável penetra os confins do firmamento – fantástica visão! – e as brisas dispersam espirais fumegantes de incenso. Aí está ele. Vamos, entoem, propício, o canto sagrado da Musa divina.

(Entra Pistetero em trajos sumptuosos, acompanhado da noiva, a Realeza)

CORO

1720 Para trás, afasta-te, desvia-te, dá passagem(337). Esvoacem em redor de um homem feliz, a quem coube um feliz destino. Ena, que
1725 frescura! Que beleza! Que núpcias promissoras as tuas para a nossa cidade! Grande, grande é a fortuna que bafeja a raça das aves, graças a este homem. Vamos, com cantos de himeneu e odes nupciais saudemo-lo, a ele e à Realeza.

Sem ser um sicofanta, Górgias, teórico da palavra e entusiasta do poder persuasivo do discurso, foi por certo mestre e inspirador de muitos deles. Filipo, também mencionado por Aristófanes no fr. 113 K, é conhecido como seu discípulo próximo (cf. *V.* 421), ou mesmo seu filho na interpretação de alguns (MacDowell, *Wasps,* p. 192).

(336) O texto cómico sugere, por ironia, que, na impossibilidade de cortar a língua aos sicofantas, os Atenienses se vingaram pelo menos a cortar a língua aos animais sacrificados.
O hábito de cortar a língua ao animal para a grelhar à parte pertence a um ritual antigo, já abonado em *Od.* III. 332. Por vezes, essa parte do animal destinava-se a presentear o celebrante do sacrifício, como é testemunhado em *Pax* 1109, *Pl.* 1110.

(337) Este tipo de ordem parece associado a cortejos de casamento: E. *Tr.* 308, 325.

Outrora, Hera olímpica, uniram-na os Fados divinos ao senhor poderoso de um trono excelso, por entre um canto de himeneu, como este. Himeneu, ó himeneu(³³⁸)! 1730 1735

Eros coberto de flores, de asas doiradas, conduzia, de rédeas na mão, o carro, como pajem no casamento(³³⁹) de Zeus com a bem-aventurada Hera. Himeneu, ó Himeneu! 1740

PISTETERO

Estou feliz com os vossos hinos, feliz com os vossos cantos. Orgulho-me das vossas palavras. Vamos, celebrem os trovões subterrâneos e os raios luminosos de Zeus, e o dardo terrível da luz. 1745

CORO

Ó poderosa luz doirada do raio, ó dardo imortal de Zeus, flamejante, ó rugidos surdos das profundezas, ó trovões carregados de chuva! Convosco o nosso soberano há-de agora abalar a terra. Em tudo triunfante de Zeus, detém agora a Realeza, a companheira(³⁴⁰) do deus supremo. Himeneu, ó Himeneu! 1750

PISTETERO

Acompanhem os noivos, todas vós, tribos aladas, minhas companheiras, até aos domínios de Zeus e ao leito nupcial. Estende o braço, noiva feliz, enlaça-te nas minhas asas e dança comigo. Eu levanto-te, suspensa no ar. 1755 1760

CORO

Olá! Ié péan! Viva o grande vencedor! Ó supremo entre os deuses! 1765

(³³⁸) O mesmo tema das núpcias é desenvolvido por Píndaro (fr. 30 S, união de Zeus e Témis) e por Catulo (64. 303-383, bodas de Peleu e Tétis).

(³³⁹) No cortejo que se organiza para conduzir a noiva à sua nova morada, Eros, de asas doiradas, substitui o amigo íntimo do noivo, que conduz os recém-casados à nova casa. Envolto em flores, o deus é o símbolo daquele que tem ainda vivos os progenitores (Pl. *Lg.* 927 d), todo ele uma imagem de juventude e vida.

(³⁴⁰) Tradicionalmente, a companheira de Zeus, aquela que se senta a seu lado no trono, é Dike ou Témis: Hes. *Op.* 256-262; Pi. *O.* 8. 21 sqq.; S. *OC* 1382.

ÍNDICE

INTRODUÇÃO 7
   As Aves, uma aposta cómica 7
   Poesia e comicidade em *As Aves* 18

BIBLIOGRAFIA 29

ARGUMENTOS DA PEÇA 31

AS AVES 37